W0461005

Anne Hartmann und Silke Klöver

Rechnen

mit spannenden Geschichten

3. und 4. Schuljahr

EDITION MOPÄD

Die Autorinnen:

Dr. Anne Hartmann – studierte in Münster und Bochum Germanistik und Slawistik. Nach der Promotion arbeitete sie als Deutschlektorin und -dozentin in Lüttich und Namur (Belgien) und ist seit 1988 als Wissenschaftliche Mitarbeiterin an der Ruhr-Universität Bochum tätig. Zahlreiche wissenschaftliche Publikationen, Übersetzungen und Anthologien.

Dr. Silke Klöver – studierte in Münster Slawistik, osteuropäische Geschichte und Anglistik. Anschließend arbeitete sie an einer Londoner Schule und in der deutschen Erwachsenenbildung. Von 1990 bis 1996 war sie als Lektorin an Hochschulen in Sibirien und Moskau tätig. Daneben Übersetzungstätigkeit und Erarbeitung von Studienmaterialien für Deutsch als Fremdsprache. Seit 1996 ist sie Projektleiterin in der internationalen Zusammenarbeit mit Schwerpunkt GUS.

Gedruckt auf umweltbewusst gefertigtem, chlorfrei gebleichtem
und alterungsbeständigem Papier.

2. Auflage 2003
Nach der Neuregelung der deutschen Rechtschreibung

Grafik: Charlotte Wagner
Satz: media.design, Neumünster

ISBN 3-89358-005-3

INHALT

VORWORT

Rechnen ist für viele eher Last als Lust, und das Wort „Matheaufgaben“ klingt verdächtig nach Pflicht und Mühe. Sachrechenaufgaben sind oft auch nicht beliebter, auch oder gerade wenn sie sich bemühen, die Zahlen in Alltagssituationen einzubetten: Wie viele Kinder springen auf dem Schulhof Seil? Für wie viele Kinder reicht das Eis, wenn ... und so weiter und so fort.

Dieses Buch ist anders – jede Aufgabe erzählt eine kleine Geschichte, die zum Lesen und Lachen einlädt. Es geht um Graf Dracula und Onkel Heinz, Aladin und den Busfahrer Flachmann, Goldlöckchen und das Hängeohrkaninchen Sir Toby, Leuchtturmwärter Lüneburg und die böse Hexe und viele andere mehr. Die Kinder begleiten unsere Helden aus Märchen, Comics, Sagen oder von nebenan bei ihren kleinen und großen, witzigen oder auch irrwitzigen Abenteuern. Kinder und Erfinder, Großmütter und Ritter, Tiere und Vampire geraten in alle nur möglichen und auch in unmögliche Situationen. Nicht einmal der Alltag ist hier alltäglich, sondern erfrischend verändert, weil die gewohnte Ordnung der Dinge leicht ver-rückt wird.

Es darf natürlich nicht nur gelesen und gelacht, sondern auch genau gedacht und gerechnet werden. Problemlösendes Denken und Lesekompetenz sind gefordert, werden aber auch gefördert. Die Aufgaben sind auf den Mathematikunterricht des 3. und 4. Schuljahrs abgestimmt, pfiffige Kinder trauen sich aber vielleicht schon im 2. Schuljahr zu, sie zu lesen und zu lösen. Ob im Schulunterricht für ganze Klassen, als Zusatzmaterial für einzelne Schüler, für unterhaltsame Vertretungsstunden oder die Freizeit (zu Hause bei Regenwetter, im Zug oder Flieger) – die Aufgaben sind vielfältig einsetzbar und der Fantasie sind da kaum Grenzen gesetzt. Auch in anderer Hinsicht nicht, denn die Texte und Bilder machen auch Lust, eigene (Rechen-) Geschichten zu erfinden ... Wie wär's? Schickt ihr sie uns? Wir sind gespannt, welche Abenteuer unsere Helden noch erleben werden. Ein nicht ganz vollständiges und nicht ganz ernst zu nehmendes Verzeichnis der handelnden Personen ist auf S. 68 zu finden.

Unser herzlicher Dank gilt unseren Kindern und ihren Freunden, die als strenge Experten die Aufgaben praktisch getestet haben, Frau Gertrude Priebe, durch deren reiche schulische Erfahrung und kompetenten Rat der Band erst seine Struktur gewonnen hat, Frau Helga Junkers für das sorgfältige und kritische Prüfen der Aufgaben und schließlich Frau Kristina Poncin, die sich im Verlag mit großem Engagement für die Gestaltung und den Druck eingesetzt hat.

Anne Hartmann und Silke Klöver

1. Philipp mit und ohne Geschenk

Addition und Subtraktion

1 Der Liftknopf für das erste Stockwerk befindet sich in einer Höhe von 1,45 m. Die Knöpfe der folgenden Etagen sind jeweils 11 cm höher angebracht. Bis zu welchem Stockwerk kann mit diesem Lift ein kleiner Junge fahren, der mit ausgestreckten Armen 135 cm groß ist und – wenn er springt – noch 32 cm höher reicht?

2 Setzt man in die eine Waagschale Paula mit ihren 32 kg und Jennifer, die 6 kg leichter ist, und schüttet man in die andere Waagschale 70 kg Erdnüsse, wie viele Kilo Erdnüsse müssen umverteilt werden, damit die Waage im Gleichgewicht ist?

3 Die beiden Seiten einer Wippe befinden sich im Gleichgewicht. Auf der einen Seite sitzt die 48 kg schwere Lisa, auf der anderen sitzt Katja (39 kg) mit ihrem Hund Bobo. Wie viel wiegt der Hund?

4 Udo setzte sich an seine Hausaufgaben und verbrachte insgesamt drei Stunden am Schreibtisch. 30 Minuten lang kaute er an seinem Bleistift und dachte an seinen Gameboy. 10 Minuten suchte er in der Schultasche nach seinem Aufgabenheft, um dann 20 Minuten zu überlegen, ob er auch wirklich alles richtig mitgeschrieben hatte. In der restlichen Zeit lernte Udo unregelmäßige englische Verben, wobei für jedes 15 Minuten draufgingen.
Wie viele Verben lernte Udo an diesem Nachmittag?

5 Auf dem Geburtstagsfest seines Freundes Marcel verschlang Friedrich 112 Pommes, 7 mehr, als Marcel auf dem Geburtstag von Friedrich geschafft hatte.
Wie viele Pommes haben die Freunde während der beiden Geburtstage vertilgt, wenn man berechnet, dass die Geburtstagskinder selbst vor Aufregung keinen Hunger hatten und jeweils nur 13 Pommes gegessen haben?

6 Philipp geht zur Geburtstagsfeier seiner Freundin Laura. Mit Geschenk wiegt er 26 kg und 100 g. Wenn er Laura das Geschenk gegeben hat, wiegt er nur noch 25 kg und 388 g.
Wie viel wiegt das Geschenk?

7 Als Philipp zur Geburtstagsfeier seines Freunds Christian geht, wiegt er mit dem Geschenk ebenfalls 26 kg und 100 g. Während des Festes isst Philipp 40 Lakritzstangen zu je 10 g, 10 Bratwürstchen zu je 100 g, 12 Teilchen mit je 110 g Gewicht und eine 2.500 g schwere Torte. Wie viel wiegt Philipp nach der Geburtstagsfeier, wenn er sein Geschenk aus Versehen wieder mitnimmt?

8 Philipp wiegt mit Hose und dem Geburtstagsgeschenk für seinen Freund 26 kg und 100 g. Wenn er die Hose auszieht, ist er um 400 g leichter.
Wie viel wiegt Philipp ohne Hose, aber mit Geschenk?

9 Der 1,82 m große Lars Lattenrost möchte endlich seine langjährige Freundin Monika Mamba heiraten, die stattliche 1,95 m misst. Damit das Hochzeitsfoto richtig gut gelingt und beide Partner gleich groß sind, will sich Lars beim Schuster hohe Schuhabsätze machen lassen. Wie viel Zentimeter hat er zu überbrücken?

10 Rumpelstilzchen tauschte bei Graf Zahl 2 Fuhren Eiskrem gegen 3 Fuhren Grießbrei. Alle Wagenladungen waren genau gleich schwer. Das Eis wog insgesamt 150 kg weniger als der Grießbrei. Um wie viele Kilogramm Eis und um wie viele Kilogramm Grießbrei ist es bei dem Handel gegangen?

11 Ein furchtsamer Prinz ging morgens in den Wald, traf dort nach 10 Minuten auf einen rüpelhaften Wolf und fing sofort an am ganzen Leib zu schlottern. Nachdem er 1 Stunde und 10 Minuten geschlottert hatte, entdeckte er noch eine Horde zänkischer Zwerge, worauf er vor Angst doppelt so lange mit den Zähnen klapperte. Punkt 13 Uhr beruhigte sich der Prinz endlich und ging nach Hause, um Mittag zu essen.

Beantworte folgende Fragen:

- Wie lange hat der Prinz insgesamt im Wald geschlottert und wie lange mit den Zähnen geklappert?
- Um wie viel Uhr hat der Prinz mit dem Schlottern aufgehört und mit dem Zähneklappern angefangen?
- Um wie viel Uhr ist der Prinz in den Wald gegangen?

12 Am heutigen Vormittag wurde der Eisbär Frobo von 79 Kindern bewundert. Die übrigen 452 Kinder, die zur selben Zeit im Zoo waren, beachteten Frobo nicht. Wie viele Kinder besuchten heute Vormittag den Zoo?

13 Die Papiere, die Papa morgens zu Hause in seine Aktentasche packt, wiegen 2 kg und 700 g. Die Tasche selbst wiegt 300 g. Wie viele Kilogramm schleppt Papa zur Arbeit, wenn seine zweijährige Tochter Maria ihm noch heimlich eine 10 kg schwere Hantel in die Tasche geschmuggelt hat?

14 Drei völlig gleiche und seit langem nicht geschorene Hammel gehen zum Friseur. Der erste Hammel lässt 300 g Wolle im Salon, der zweite 700 g. Der dritte Hammel lässt sich völlig kahl scheren. Insgesamt bleiben beim Friseur 7 kg Schafwolle zurück. Wie viel Gramm Wolle haben die ersten beiden Hammel jeweils behalten?

15 Wer wiegt – mit Hanteln – mehr: der Gewichtheber Xaver Huppert, der 68 kg wiegt und 142 kg stemmt, oder der Gewichtheber Schorsch Krafft, der 72 kg wiegt und 138 kg stemmt?

16 Die Ritter von Neuschweinstein trafen auf die Truppen von Wanzenheim und besiegten sie im Turnier 25-mal. Gleichzeitig errangen auch die Truppen von Wanzenheim 25 Siege über ihren Gegner.
Wie viele Niederlagen mussten beide Ritterrunden zusammen einstecken?

17 Beim jährlichen Turnier in Neuschweinstein gestanden die schwarzen Ritter Gräfin Gisela 74-mal ihre Liebe. Daraufhin strengten sich die rosa Ritter mächtig an und gestanden Gisela sogar 133-mal ihre Zuneigung.
Wie oft war bei diesem Turnier von Liebe die Rede?

18 Nach Unterrichtsende stürmen gleichzeitig 376 Jungen und 532 Mädchen aus der Schule. Eine Weile später schleppen sich 38 Erwachsene aus dem Gebäude.
Wie viele Personen haben insgesamt die Schule verlassen?

19 Der Elefant Ele und der Mops Molli machen sich ein 7 kg schweres Wurstbrot. Danach teilen sie es sich wie folgt: Molli frisst die ganze Wurst und leckt danach die Butter ab, der Elefant verschlingt das Brot.
Wie viel Brot bleibt Ele, wenn die Schnitte mit 500 g Butter bestrichen und mit 2 kg und 500 g Wurst belegt war?

20 Adalbert Zweiferch fährt Geisterbahn. Die Strecke führt an Skeletten, Gespenstern, Hexen, Werwölfen, Vampiren und anderen gruseligen Viechern vorbei und ist insgesamt 325 m lang. Nach 34 m bekommt Zweiferch schreckliche Angst.
Wie viele Meter fürchterlicher Geisterbahn muss er noch überstehen, bis das Tageslicht ihn wieder hat?

2. Appetitanregend: Goldlöckchen bei den Bären

Unterschiedliche Rechenverfahren

21 Das hungrige Goldlöckchen betritt ungebeten die Hütte der drei Bären und findet dort drei Schälchen mit Milchreis auf dem Tisch. Der Reis von Vater Bär ist noch sehr heiß, daher isst sie nur einen Löffel voll (20 g). Mama Bärs Milchreis ist nicht ganz so heiß, deshalb stibitzt sich Goldlöckchen hier drei Löffel (60 g). Der Brei des kleinen Bären hat genau die richtige Temperatur. Deshalb futtert Goldlöckchen das ganze Schälchen (420 g) leer.
– Wie viel Gramm Milchreis hat sie insgesamt gegessen?
– Wie viele Löffel davon aus dem Schüsselchen des kleinen Bären?

22 Gleich nach dem Essen muss sich das 25 kg schwere Goldlöckchen etwas ausruhen. Deshalb setzt sie sich im Wohnzimmer in den Schaukelstuhl des kleinen Bären. Der Schaukelstuhl kann maximal ein Gewicht von 26 kg tragen. Kracht er zusammen oder hält er, wenn das satte Goldlöckchen es sich zusammen mit der Katze der Bärenfamilie (1 kg und 200 g) im Schaukelstuhl gemütlich macht?

23 Goldlöckchen verputzt bei den drei Bären insgesamt 320 g süßen Brei.
Wie viel Brei wäre den Bären weggefuttert worden, wenn statt eines Mädchens blond gelockte Drillinge mit demselben Appetit in ihr Häuschen gekommen wären?

24 Als Goldlöckchen zu ihrem Waldspaziergang aufbrach, war es genau 10.45 Uhr. Nach seinem Abenteuer mit den drei Bären kehrte das Mädchen um 16.30 Uhr völlig erschöpft nach Hause zurück.
Wie lange ist das Mädchen ohne Mama und Papa im Wald herumspaziert?

3. Wie viele Verbrecher entlarvt Sherlock Holmes?

MULTIPLIKATION UND DIVISION

25 In der ersten Nacht spann die Müllerstochter mit Hilfe von Rumpelstilzchen für den habgierigen König 20 kg Stroh zu Gold. In der zweiten Nacht war es sogar doppelt soviel. Wie viel Gold muss die Müllerstochter in der dritten Nacht spinnen, damit der König die 120 kg hat, die er braucht, um all seine Toiletten im Schloss vergolden zu lassen?

26 Beim Schulfest wurde ein Staffellauf gemacht. Die Kinder, die mitmachen wollten, wurden in 3 Gruppen zu je 12 Kindern eingeteilt. Jedes Kind sollte einen Tischtennisball auf einem Löffel balancieren.
Jede Gruppe brachte allerdings nur 6 Bälle ins Ziel.
Wie vielen Kindern ist der Ball runtergefallen?

27 Katrin muss ein Weihnachtsgedicht von 30 Zeilen auswendig lernen.
Um eine Zeile zu behalten, braucht sie 1 Minute und 30 Sekunden.
Wie viele Minuten benötigt Katrin, um das Gedicht wieder zu vergessen, wenn sie Gedichte doppelt so schnell vergisst, wie sie sie lernt?

28 Die Marsmännchen in Lenas Buch sehen ziemlich anders aus als die Erdbewohner: Sie sind grün und haben jeweils 4 Arme, 4 Beine und 2 Nasen.
Wie viele Arme, Beine und Nasen hat eine Gruppe von 20 Marsmännchen?

29 Jan und Tom spielen Mumie. Sie verbrauchen dafür 3 Rollen Klopapier. Jan verbraucht 40 m, Tom noch 4 m mehr.
Wie viele Meter Klopapier enthält eine der 3 gleich großen Rollen?

30 Während ihrer drei Jahre im Kindergarten verbummelte Lisa 12 Paar Socken und halb so viele Handschuhe. Ihre Freundin Marina verlor zum Kummer ihrer Eltern sogar die doppelte Menge an diesen Kleidungsstücken.
Wie viele Socken und wie viele Handschuhe (einzeln und in Paaren) verbummelten beide Mädchen?

31 Der weltberühmte Forscher Konrad Käferstein erfand eine Maschine, die Briefe nicht nur 1-mal, sondern 9-mal abstempelt.
Wie viele Stempel befinden sich auf 13 Briefen, die Konrad Käfersteins Maschine bearbeitet hat?

32 Trotz der Sturmwarnung im Wetterbericht ist das Fußballstadion voll. Während des 90-minütigen Spiels fegt der Wind 34 Baseballkappen, die doppelte Menge Hüte, 5 Toupets und die dreifache Anzahl von Pudelmützen von den Köpfen.
Wie viele Zuschauer kehren barhäuptig nach Hause zurück?

33 Im vergangenen Jahr entließ das Tierheim jede Woche durchschnittlich 3 nette Hunde in nette Familien.
Wie viele Vierbeiner fanden in diesem Jahr ein neues Zuhause?

34 Vorletztes Jahr machte Nina die Bekanntschaft eines Jungen, der ihr einen Goldfisch schenkte. Letztes Jahr lernte Nina 11 nette Menschen kennen, von denen ihr jeder 3 Goldfische verehrte. Dieses Jahr schloss Nina Freundschaft mit 7 Züchtern, von denen ihr jeder 2 Goldfische schenkte. In ihrem Aquarium herrscht nun Hochbetrieb. Deshalb möchte Nina einen tierlieben Menschen kennen lernen und ihm ihre komplette Goldfischsammlung vermachen.
Mit wie vielen stummen Haustieren kann der noch unbekannte Mensch dann rechnen?

35 Papa, Mama, Rudi und Klara Flachmann essen zu Abend. Rudi packt auf seine Scheibe Schwarzbrot immer üppige vier Salamischeiben. Klara kommt mit drei Scheiben aus. Nehmen wir einmal an, die Familie isst den ganzen Februar (kein Schaltjahr!) dasselbe zum Abendbrot.
Wie viele Salamischeiben verputzt Rudi in dieser Zeit und wie viele Klara?

36 Die beiden Nachbarn Siebenhühner und Grünfinger wetteifern, wer der beste Hobbygärtner ist. Herr Siebenhühner hat einen Komposthaufen, wo auf 3 Kubikmetern 264 Regenwürmer leben. Grünfingers 4 Kubikmeter Kompost bevölkern 324 Würmer.
Wer hat die meisten Würmer pro Kubikmeter gezüchtet?

37 Jan und Tom vertilgten an einem Tag 9 Tafeln weiße und 5 Tafeln Zartbitterschokolade. Am Abend merkten sie, dass sie viel mehr von der weißen Schokolade als von der Zartbitterschokolade gegessen hatten, nämlich 400 g mehr.
Wie viel Gramm von jeder Sorte hatten die beiden an diesem Tag gegessen?

38 Jonas darf in diesem Jahr den Tannenbaum schmücken. Der Baum hat 36 Zweige. Jonas hängt an jeden Zweig eine Glaskugel, ein Drittel der Zweige schmückt er mit Holzfiguren, die Hälfte der Zweige bekommen je eine Kerze und jeder vierte Zweig einen Tannenzapfen. Die Spitze des Weihnachtsbaumes ziert ein großer Stern.
Mit wie vielen Teilen hat Jonas den Baum dekoriert?

39 Bei der Olympiade wurde der Gewinner der Goldmedaille nacheinander von 40 Reportern interviewt. Jeder stellte ihm 12 Minuten lang Fragen.
Wie viele Stunden lang musste der erschöpfte Goldmedaillengewinner insgesamt Rede und Antwort stehen?

40 Der Großmutter fiel in der 5 m^2 großen Küche eine Tüte mit Rosinen zu Boden. Von jedem Quadratmeter sammelte sie 26 Rosinen auf.
Wie viele Rosinen wanderten vom Küchenboden in den Kuchenteig?

41 Die Klasse 1b macht einen Schulausflug. Alle Kinder nehmen teil. Lydia hat sogar ihre Freundin aus Berlin mitbringen dürfen. Die Lehrerin zählt die Schar und sagt dann: „Mit mir zusammen wären wir genug Leute für 2 Fußballmannschaften."
- Wie viele Kinder gehen in die 1b?
- Wie viele Personen nehmen an dem Ausflug teil?

42 Aus einem Teich fischte man 38 Karpfen, aus einem zweiten Teich 6 Hechte, von denen sich jeder 7 Karpfen einverleibt hatte. Anschließend fischte man aus diesem Teich noch 23 weitere Karpfen.
Wie viele Karpfen schwammen ursprünglich in den beiden Teichen?

43 Der Clown Bimbom zieht in einer halben Minute sein aus Bollerhosen, Pappnase, Perücke und Riesengaloschen bestehendes Kostüm an.
Wie viel Zeit verwendet er innerhalb von 4 Wochen auf das Anziehen, wenn er an 6 Tagen pro Woche je zweimal in der Manege steht?

44 Die Großmutter versteckte im Schrank eine Schachtel mit 650 g köstlichem Knusperkonfekt. Ihr Enkel kundschaftete jedoch den Standort aus und naschte täglich 5 Stückchen zu 5 Gramm.
Wie viel Gramm Knusperkonfekt waren noch übrig, als die Großmutter nach 20 Tagen den Diebstahl bemerkte?

45 Als die Lehrerin nach den Sommerferien ihre neue Klasse begrüßte, stellte sie fest, dass es in der Klasse 4 Kevins und 2 Jessicas gab. Ninas wiederum gab es doppelt so viele wie alle Kevins und Jessicas zusammen, die Jakobs machten hingegen nur ein Viertel der Ninas aus.
Wie viele Jakobs gab es in der Klasse, als die Lehrerin sie bei Schulbeginn kennen lernte?

46 Wenn Miriam sich auf die Zehenspitzen stellt und die Hand ausstreckt, kommt sie an das unterste Fach des Kosmetikschränkchens, in dem allerdings nur so langweilige Dinge wie Badesalz, Hühneraugenpflaster und Nagellackentferner stehen. Die Entfernung vom unteren zum oberen Fach des Schranks, in dem sich die sehr viel interessanteren Lippenstifte und Parfüms befinden, beträgt 52 cm. Miriam wächst jeden Monat 2 cm.
Wie lange braucht sie, um an die Schminksachen heranzukommen ohne auf einen Stuhl zu steigen?

47 Die Freunde spielten im Schnee und kamen pitschnass nach Hause. Anschließend waren alle erkältet und mussten Hustensaft einnehmen. Jeder schluckte 10 Löffel Hustensaft. Insgesamt leerten sie 12 Fläschchen, von denen jedes 30 Löffel Hustensaft enthielt.
Wie viele Freunde hatten gemeinsam im Schnee gespielt?

48 Als Busfahrer Fred Flachmann von der Haltestelle „Johannisschule“ abfährt, sind 23 neue Passagiere eingestiegen: 12 Erwachsene und 11 Kinder. Die Erwachsenen bezahlen für den Fahrschein 1,80 €. Von den Kindern haben 6 eine Monatskarte, die übrigen bezahlen für die Strecke je 0,90 €.
Wie viel Geld nimmt Fred Flachmann beim Kassieren an der Haltestelle „Johannisschule“ ein?

49 Die Archäologen werden dereinst auf der Schatzinsel 2 Kisten ausgraben. In der einen Truhe finden sie dann 224 Goldmünzen, in der anderen Kiste 1/4 dieser Menge.
Wie viele Goldmünzen können sie dem Piratenmuseum übergeben?

50 Auf Kapitän Hooks Karavelle gibt es 56 Piraten. Jeder vierte von ihnen hat ein Holzbein. Die Hälfte der Piraten hat ein Glasauge.
Wenn man annimmt, dass jeder Pirat bei den bisherigen Beutezügen nur eine Verletzung davontrug, wie viele Seeräuber sind demnach unverletzt geblieben?

51 In einer Schultasche lassen sich 4 große Butterbrotdosen unterbringen.
Wie viele Schultaschen braucht man, um 312 Butterbrotdosen auf einmal in die Schule zu transportieren?

52 In der Walpurgisnacht reisten aus allen vier Himmelsrichtungen die Hexen auf ihren Besen zum Blocksberg. 23 Hexen ritten allein auf ihrem Besenstiel.
15 Besen trugen je 2 Hexen, 3 Besen je 3 Hexen und 5 Luxusreisebesen transportierten gar je 5 Hexen.
Wie viele Hexen sausten in dieser Nacht zum Blocksberg?

53 Auf der Hinterwäldlerstraße stoßen 2 Lastwagen zusammen. Einer ist mit 6000 Essigflaschen zu je 0,5 Liter beladen und der andere mit 8000 Flaschen Himbeersirup zu 0,75 Liter. Alle Flaschen gehen bei dem Zusammenprall zu Bruch. Die Gullis sind verstopft, und die Feuerwehr kommt angerast, um die Straße zu säubern. Der Tankwagen, in den sie den Essig-Himbeersirup pumpen wollen, fasst 8500 Liter.
Reicht das, um die Straße zu reinigen?

54 Auf einer Hüpfburg können maximal 22 Kinder 10 Minuten lang hopsen.
Für jedes Kind müssen die Eltern 1 € bezahlen.
Wie viel Geld nimmt der Besitzer der Hüpfburg in einer Stunde ein, wenn in jeder Gruppe 22 Kinder hopsen und alle brav bezahlen?

55 Ein Schwergewichtsboxer kann 3 Leichtgewichtsboxer niederstrecken, aber schon 4 Leichtgewichtsboxer nehmen es locker mit dem Schwergewichtsboxer auf.
Wer wird anfangs den Sieg davontragen und wer wird im Endeffekt der Stärkere sein, wenn zunächst 12 Schwergewichtsboxer und 49 Leichtgewichtsboxer gegeneinander kämpfen und sich dann noch 7 weitere Leichtgewichtsboxer und 2 Schwergewichtsboxer in das Getümmel stürzen?

56 Sherlock Holmes entlarvt in 4 Wochen durchschnittlich 8 Verbrecher.
Wie viele Verbrecher sind das
- in einer Woche?
- in einem Jahr?

57 Katja fährt gerne Riesenrad. Für Kinder kostet eine Karte 2,50 €.
- Wie oft kann sie Riesenrad fahren, wenn sie 15,- € für die Kirmes bekommen hat?
- Wie lange schwingt sie insgesamt durch die Luft, wenn jede Fahrt 8 Minuten dauert?

58 Herr Michelmann wässert seine Blumenbeete mit dem Gartenschlauch. Der Wasserstrahl reicht 3,65 m weit. In einer Entfernung von 7,10 m döst Frau Michelmann hinter den Beeten in der Mittagshitze im Liegestuhl. Michelmanns Sohn Ferdinand dreht den Wasserhahn voll auf, um zu sehen, was passiert. Der Wasserdruck steigt, aus dem Schlauch spritzt ein doppelt so langer Strahl wie vorher.
Findet das Nickerchen von Frau Michelmann ein jähes Ende oder kommt sie trocken davon?

59 Die Schlamelchers wollen Geld sparen und tapezieren ihr Wohnzimmer selbst. Jede Tapetenrolle reicht für 5 m^2. Sie sind fleißig und schaffen mit vereinten Kräften genau die Hälfte des Raumes bis zur Kaffeepause. Leider hatte Papa Schlamelcher jedoch seine Brille nicht auf und den Kleister zu dünn angerührt. Als die Schlamelchers nach Kaffee und Kuchen ins Wohnzimmer zurückkehren, haben sich alle Tapeten wieder von der Wand gelöst. 7 Rollen stehen noch unverbraucht für die zweite Hälfte in der Ecke.
- Wie viele Quadratmeter hatten die Schlamelchers vor dem Kaffee geklebt?
- Wie viele Quadratmeter Wandfläche waren insgesamt im Wohnzimmer zu tapezieren, wenn sie keinen Zentimeter zu viel Tapete besorgt hatten?

60 In einer Zahnpastatube stecken 1,20 m grün-rot-weiß gestreifte Zahnpasta. Otmar Wutzke tritt versehentlich auf eine volle Tube und 30 cm Pasta quellen auf den Badvorleger.
- Wie viele Zentimeter Zahnpasta verbleiben in der Tube?
- Wie lange reicht der Rest, wenn sich Otmar Wutzke zweimal täglich die Zähne putzt und jedes Mal 1,5 cm Zahnpasta braucht?

61 Eine niemandem bekannte Zahl findet sich zu dick, macht Diät und schrumpft auf ein Drittel ihrer ursprünglichen Größe.
Nunmehr heißt sie 37.
Wie hieß sie vor der Abmagerungskur?

62 Mehrere Kinder besuchen das ganze Jahr über Hund Bobo im Tierheim, um mit ihm Gassi zu gehen. Jedes von ihnen 26-mal, und zwar alleine.
Insgesamt wurde Bobo 104-mal spazieren geführt.
Wie viele Kinder beschäftigten sich mit ihm?

63 Die kleine Ida übt das Stricken. Um ihrem Bruder einen Schal zu schenken, schlägt sie 50 Maschen an. Da sie noch ungeübt ist, verliert sie in jeder 3. Reihe eine Masche.

- Wie viele Reihen hat Ida gestrickt, bis keine einzige Masche mehr auf der Nadel ist?
- Wenn je 3 Reihen 1 cm ergeben, wie lang ist dann Idas Versuch eines Wollschals?

64 Die wunderhübsche Sängerin Salomea Siebenhühner möchte heiraten. Weil sie vor lauter Singen keine Zeit hat einen Mann kennen zu lernen, gibt sie eine Anzeige in der Zeitung auf. Nach einer Woche holt sie sich ihre Post ab:
3 Millionäre schreiben ihr, dass sie Salomea heiraten und mit Schmuck behängen möchten. Doppelt so viele Rechtsanwälte möchten mit Salomea in Konzerte gehen und ihr Vermögen verwalten. 3-mal so viele Bäcker wie Rechtsanwälte wollen Salomeas Leben versüßen. Und dann schreibt ihr noch der Ringer Osman Öztürk, dass er sie immer auf Händen tragen möchte.
Wie viele Männer haben Salomea Siebenhühner geschrieben?

65 Die ordentliche Lydia sortierte Knöpfe in verschiedene Schachteln. Von den großen Knöpfen mit zwei Löchern legte sie je 30 in 2 Schachteln, von den großen Knöpfen mit vier Löchern legte sie je 45 in 3 Schachteln. Von den kleinen Knöpfen mit zwei Löchern sortierte sie je 60 in 4 Schachteln und von den kleinen Knöpfen mit drei Löchern wanderten je 24 Stück in 6 Schachteln. Außerdem legte sie noch 12 Perlmuttknöpfe in eine besondere Schachtel. Da nahte jedoch ihr jüngerer Bruder und verstreute sämtliche Knöpfe auf dem Boden.
Wie viele Knöpfe mussten wieder aufgehoben werden?

66 Nach der Kaffeestunde liegen die Michelmanns im Garten unter dem Pflaumenbaum und dösen. Plötzlich kommt Wind auf und 8 vollreife Pflaumen plumpsen auf Vater Michelmann. Seine Frau wird sogar von der 3-fachen Menge Fallobst getroffen, während Oma Michelmann halb so viele Pflaumen abbekommt wie ihr Sohn. Wie viele Pflaumen können an diesem Abend bei Michelmanns zu Kompott gekocht werden?

67 Ein verspäteter Flugpassagier rennt mit zwei Koffern durch die Abflughalle. Sie springen auf, als er stolpert und stürzt. Dabei fallen aus dem ersten Koffer 45 Gegenstände, aus dem zweiten Koffer 3-mal so viele. Wie viele Sachen verstreut der verspätete Fluggast insgesamt in der Abflughalle?

68 Papa kommt um 20.00 Uhr nach Hause, parkt sein funkelnagelneues Auto auf der Straße vor dem Haus und stürzt nach Betreten der Wohnung als Erstes zum Fenster, um zu gucken, ob die Kiste noch keine Schramme hat. Bis Mitternacht rast Papa alle 5 Minuten ans Fenster, nach Mitternacht sogar alle 3 Minuten. Wie oft ist er insgesamt ans Fenster gelaufen, bis er um Punkt 5.00 Uhr morgens endlich vor Erschöpfung einschläft?

69 Im Sack des Weihnachtsmanns befinden sich 263 Geschenke. Ist das genug, wenn zur Weihnachtsfeier 88 Jungen und die doppelte Anzahl von Mädchen geladen sind, jedes Kind ein Geschenk bekommen soll, allerdings ein freches Kind vor der Bescherung zur Strafe ohne Geschenk nach Hause geschickt wird?

70 Während der Schäfer Kiesewetter nach T-Aktien ansteht, fallen 20 seiner Hammel über den nahe gelegenen Schrebergarten her, wo jedes Tier 12 Gurken auffrisst. Bekommt Kiesewetter noch eine T-Aktie, wenn vor ihm in der Schlange 55 Personen stehen, jeder eine Aktie zeichnen darf und insgesamt nur noch so viele vergeben werden, wie die Hammel im Schrebergarten an Gurken gefressen haben?

71 Die Freunde von Lukas haben schlechte Laune, Lukas aber hat ein Kilogramm Gummibärchen, jedes einzelne Bärchen 5 Gramm schwer. Die Freunde beschließen, mit Hilfe der Gummibärchen etwas gegen ihre schlechte Laune zu tun.
Nach einer Weile hat sich ihre Stimmung spürbar verbessert, Lukas hingegen hat kein einziges Gummibärchen mehr.
Wie viele Gummibärchen haben die Freunde von Lukas zu ihrer Aufheiterung benötigt?

72 Kevin hat 50 Cent. Er geht zu Philipp und borgt sich von ihm 1,50 €. Danach geht er zu Max und leiht sich 2,80 € und von Daniel holt er sich dann noch 4,40 €.
Da kommt Christoph zu ihm und borgt sich von Kevin doppelt so viel Geld, wie der sich von Philipp und Max geborgt hat.
Wie viel Geld hat Kevin jetzt noch?

73 Als Linus mit dem Fahrrad gegen Papas Auto fährt und den Lack ruiniert, regt sich Papa so auf, dass sein Körper 51 Kilokalorien verbrennt. Als er am selben Abend im Fernsehen die Lottozahlen guckt und feststellt, dass er 6 Richtige hat, 2 Minuten später aber den nicht abgegebenen Tippschein in der Hosentasche findet, ärgert er sich so sehr, dass er viermal so viel Kalorien verbrennt wie nach dem Missgeschick mit dem Auto.
- Wie viele Kilokalorien verbrennt Papa nach dem Lottopech?
- Genügt eine Banane von 120 Kilokalorien, um diesen Energieverlust auszugleichen?

74 Ein Kinderchor aus 280 Jungen und 105 Mädchen tritt zum Geburtstag des Bürgermeisters auf. Zum Glück singen nur 1/4 der Jungen und 1/3 der Mädchen aus voller Kehle, die anderen tun bloß so und bewegen stumm die Lippen.
Wie viele Jungen und wie viele Mädchen singen aus voller Kehle und wie groß ist der Unterschied zwischen der singenden und der nichtsingenden Gruppe?

75 In einem Schullift dürfen maximal 450 kg befördert werden. Zuerst steigen 2 Erstklässler ein, die je 20 kg wiegen, danach 2 Drittklässlerinnen von je 25 kg Gewicht, gefolgt von 3 Fünftklässlern zu je 40 kg und mehreren Kisten mit der Pausenmilch für die Kinder. Die Milchpäckchen wiegen zusammen so viel wie 1 Erstklässler, 2 Drittklässlerinnen und die 3 Fünftklässler zusammen.
Kann der Lift alle Passagiere und die Trinkpäckchen befördern?

76 Unser Haar wächst pro Monat etwa 1 cm. Wenn man annimmt, dass Rapunzel sofort nach ihrer Geburt der Zauberin übergeben wurde und ihre Haare seitdem gut gepflegt und nie geschnitten wurden, wie lang waren sie dann an ihrem 18. Geburtstag?

77 Ein Hahn hat 259 Ehefrauen, sein Freund im benachbarten Hühnerstall sogar 3-mal so viel.
Wie viele Hennen hat der zweite Hahn mehr, nachdem der erste sich mit noch 3 weiteren Hühnern vermählt hat?

78 Die Müllerstochter muss ihr Kind Rumpelstilzchen geben, falls sie den Namen des grässlichen Gnoms nicht errät. Am ersten Tag fallen ihr jedoch nur 37 Namen ein. Danach kauft sie sich ein schlaues Buch, und als Rumpelstilzchen wieder auftaucht, kennt sie immerhin 4-mal so viele Namen wie am Tag zuvor.
Wie viele falsche Namen nennt die Müllerstochter dem bösen Rumpelstilzchen an den beiden Tagen?

79 8 Vampire überfallen die Blutbank des Roten Kreuzes. Dabei klaut jeder von ihnen 4 Blutkonserven zu 0,5 Litern.
Wie viele nette Menschen müssen je 0,25 Liter Blut spenden, damit die Blutbank den Schaden ausgleichen kann?

80 Eine kleine Flasche Shampoo kostet 1,49 € und reicht für 2 Wochen.
Wie viel Geld spart Gisbert im Laufe eines Jahres, wenn er sich eine Glatze schneiden lässt und 1 Jahr lang keine Haare waschen muss.

81 Leuchtturmwärter Lüneburg schiebt seit 33 Jahren in der Nordsee Dienst. Jedes Jahr bekommt er 30 Tage Urlaub. Fünfmal fiel der gesamte Urlaub jedoch flach, weil Lüneburg im Nebel das Festland nicht fand, siebenmal wollte er lieber auf seinem Turm bleiben, weil er sich mit seiner Frau gestritten hatte, und dreimal lud er während seines Urlaubs seine Freunde zu sich auf den Turm.
Wie viele Tage machte Leuchtturmwärter Lüneburg in den 33 Jahren bei seiner Frau in Brunsbüttelkoog Urlaub?

82 Am Radieschenpfad stehen auf der rechten Straßenseite 12 Doppelhäuser mit je 2 Wohnungen und auf der linken Seite 6 Mietshäuser mit je 6 Wohnungen.
Wie viele Wohnungen gibt es am Radieschenpfad?

83 Wir wissen, dass die misstrauische Zauberin Rapunzel in einem hohen Turm einsperrte. Nehmen wir einmal an, die Höhe des Turmes beträgt vom unteren Rand des einzigen Fensters bis zum Erdboden 8,10 m. Nehmen wir weiter an, der in Rapunzel verliebte Prinz ist mit ausgestreckten Armen 2,50 m groß. Und nehmen wir schließlich an, dass Rapunzels Haare, die erst 20 cm lang sind, jedes Jahr 12 cm wachsen.

Wie viele Jahre muss Rapunzel ihre Haare wachsen lassen, damit der Prinz (ohne zu springen oder sich auf eine Leiter zu stellen) überhaupt die Chance hat sie zu ergreifen und daran hochzuklettern?

84 Der Froschkönig gilt als gute Partie, deshalb wollen ihn viele nette Mädchen durch einen Kuss erlösen. Während der Frosch auf seinem Brunnenrand sitzt, hat sich vor ihm eine lange Schlange von 54 Mädchen aufgereiht, die alle ihr Glück versuchen möchten. Der Frosch hat jedoch nur eine Viertelstunde, bevor er wieder in seinen Brunnen springen muss, da er sonst austrocknet. Jedes Mädchen braucht zum Hallo-Sagen und Küssen durchschnittlich 15 Sekunden.

Reicht die Zeit für alle hilfsbereiten Tierfreundinnen?

4. Eine Lektion fürs Leben: Die drei Schweinchen und der böse Wolf

Unterschiedliche Rechenverfahren

85 Drei kleine Schweinchen sind bei ihrer Mutter ausgezogen und bauen sich nun eigene Häuser. Das erste Schweinchen kauft beim Bauern 100 Ballen Stroh zu je 12 kg und bezahlt mit einem Scheck über 500 €. Der Bauer verspricht, das Stroh noch am selben Abend mit dem Traktor zu liefern. Allerdings tut er klammheimlich nur 95 Ballen auf seinen Anhänger, und das Schweinchen, das nie gut zählen konnte, merkt nichts. Nur sein ältester Bruder, der von Beruf Anwalt ist, bemerkt beim Nachzählen den Betrug.
Um wie viel Kilogramm Stroh bzw. um wie viel Geld hat der Bauer das Schweinchen betrogen?

86 Das zweite Schweinchen ist sparsamer: Es leiht sich ein Moped mit Anhänger und fährt tagelang durch die Stadt, um beim Sperrmüll Bretter für seine Hütte zu sammeln. Sein schlauer ältester Bruder hat berechnet, dass für eine Hütte mindestens 10 Anhänger voll mit stabilen Brettern und Latten sowie 2 Anhänger mit Dachziegeln benötigt werden. Das Schweinchen kann aber nur 9 Anhänger mit Brettern und einen mit Dachziegeln sammeln und für den Baumarkt ist es zu geizig. Deshalb wird das ganze Häuschen etwas wacklig.
Der böse Wolf, der das Schweinchen schon seit längerem interessiert beim Sammeln und Häuserbau beobachtet hat, braucht normalerweise etwa 12 Minuten, um eine Bretterbude umzupusten. Das älteste Schweinchen hat seinem mittleren Bruder jedoch schon vorgerechnet, dass der Wolf durch den Pfusch am Bau nur 2/3 der normalen Zeit brauchen wird, um die Bude zum Einsturz zu bringen.
Wie viel Zeit bleibt dem zweiten Schweinchen, um sich beim Pusten des Wolfes durch die Hintertür in Sicherheit zu bringen?

87 Das älteste Schweinchen hat sich mit Hilfe seiner Bausparkasse ein solides Ziegelhaus gekauft. Die Wohnfläche beträgt 66 m^2. Leider zieht nach einer Weile sein jüngster Bruder bei ihm ein, dessen Strohhaus erst vom Wolf umgepustet und dann von Nachbars Ziegen aufgefressen wurde. Und auch das zweite Schweinchen klopft bald an die Tür seines großen Bruders. Es konnte sich mit Müh und Not vor dem Wolf retten, der auch seine Hütte umgepustet hatte, um die Bretter dann an einen Kleingartenverein zu verkaufen.

- Wie viele Quadratmeter Wohnfläche bleiben jedem der beiden Schweinchen nach dem Einzug des ersten Bruders?
- Wie viel Wohnfläche hat jedes der 3 Schweinchen, seitdem auch der mittlere Bruder im Ziegelhaus wohnen muss?

88* Nach der Zerstörung des Stroh- und Bretterhauses geht das älteste Schwein, das von Beruf Anwalt ist, wütend zum Gericht, um den Wolf zu verklagen. Es verlangt:

- vollen Ersatz für das weggepustete Stroh (wobei er verschweigt, dass 5 Ballen weniger geliefert wurden)
- volle Entlohnung für die Arbeit beim Bau der Strohhütte, wofür es 50 Arbeitsstunden zu je 10 € veranschlagt
- Erstattung der Benzinkosten für das beim Holzsammeln benötigte Moped (20 Liter zu je 1,10 €)
- volle Entlohnung für die Arbeit beim Bau der Holzhütte, wofür es 80 Arbeitsstunden zu je 10 € veranschlagt
- Schadensersatz für das geklaute und verkaufte Holz in Höhe von 1.660,- €
- Schadensersatz für den höheren Strom- und Wasserverbrauch bei der Unterbringung seiner Brüder in dem Ziegelhaus, und zwar 5 Tage zu je 10 € und 20 Tage zu je 20 €
- die Übernahme der Kosten für die Ernährung seiner beiden Brüder in Höhe von insgesamt 999,- €

Der Richter gibt dem ältesten Schweinchen Recht und verurteilt den Wolf zur Zahlung.

- Was muss der Wolf insgesamt an die Schweinchen zahlen?
- Reichen seine Ersparnisse in Höhe von 5.000 € dafür?

---

* Hier kannst du mal versuchen, ob du schon mit Zahlen rechnen kannst, die größer sind als 1.000.

5. Das Ende der Sendung „Der heitere Heimwerker"

Strecken- und Tempoberechnung

89 Ein Hase hatte einen Albtraum, in dem der Fuchs mit einer Geschwindigkeit von 154 km/h durch den Wald sauste und der Wolf sogar doppelt so schnell rannte, während er selbst, der Hase, in 5 Minuten 34 km zurücklegte.
Holen Fuchs und Wolf den Hasen in seinem Albtraum ein?

90 Jafar wettet mit Yasmin um 100 kg Pistazien, dass Aladin nicht 1.000 km mit seinem Teppich fliegen kann ohne einmal zwischenzulanden. Aladin fliegt um Punkt 7.00 Uhr morgens los. Seine Geschwindigkeit beträgt 247 km/h.
Um 11.00 Uhr muss er notlanden, weil er vergessen hatte zu frühstücken und sich kaum noch auf dem Teppich halten kann.
Wer darf sich über die gewonnenen Pistazien freuen?

91 Graf Dracula kehrt verspätet von einem nächtlichen Festmahl zurück.
Bis zu seinem Sarg im Schlosskeller sind es noch 56 km. Die Sonne geht in 30 Minuten auf. Dracula fliegt mit einer Geschwindigkeit von 110 km/h.
Wird er es rechtzeitig nach Hause schaffen oder den neuen Tag als Häuflein Asche auf der Landstraße begrüßen?

92 Ritter Kuno will seinen Vetter Walter von Wanzenheim besuchen. Er will mit seiner neuen Ritterrüstung angeben. Von Neuschweinstein bis zur Nachbarburg Wanzenheim sind es 8 km. Kuno besteigt sein treues Pferd Adalbert und macht sich auf den Weg. Das Ross hat schwer an ihm zu tragen. Schnaufend überquert es nach 30 Minuten die Zugbrücke von Wanzenheim. Nachdem Kuno mit seiner neuen Rüstung so richtig angegeben hat, zieht er sie aus und setzt sich mit seinem Vetter zum Biertrinken in die Küche.

Als er nach Neuschweinstein zurückreiten will, vergisst er seine Rüstung in Wanzenheim und reitet im Hemd los. Adalbert, sein treues Pferd, liefert ihn schon nach 15 Minuten zu Hause ab.

Mit wie vielen Stundenkilometern galoppierte das Pferd zur heimatlichen Burg zurück?

93 Robin Hood legt mit seinem Pferd in 6 Stunden 72 km zurück. Wie viele Stunden benötigt er für 54 km, wenn er zu Fuß geht und dabei nur halb so schnell ist wie zu Pferde?

94 Das Pferd von Robin Hood trottet gewöhnlich mit einer Geschwindigkeit von 6 km/h daher. Wenn der Reiter ihm die ganze Zeit die Sporen geben und „Hü hott!“ schreien würde, käme der Gaul auf die doppelte Geschwindigkeit. In welcher Zeit würde er in diesem Fall 72 km zurücklegen?

95 Die Mitglieder der Wandergruppe „Wadenkraft“ legen in 30 Minuten durchschnittlich 4 km zurück.
Wie viel Zeit braucht die sportliche Truppe, bis sie das 48 km entfernte Restaurant „Nudel und Strudel“ erreicht hat?

96 Wie wir wissen, entdeckt Ali Baba im Wald eine goldgefüllte Räuberhöhle. „Sesam, öffne dich!“ – und das Tor zur Felsenhöhle bleibt 15 Minuten und 30 Sekunden lang geöffnet. Seine Karawane aus 5 Eseln braucht je 1 Minute, um in die Höhle hineinzugehen und um sie wieder zu verlassen. Ali Baba versucht die Satteltaschen seiner Tiere möglichst voll zu stopfen. Für jedes Tier braucht er zum Beladen 3 Minuten.
Schafft er es, die Höhle rechtzeitig zu verlassen, bevor sich der Eingang wieder schließt?

97 Heribert Schneider bohrt beim Anbringen von Regalbrettern in den Stahlbeton seiner Wohnungswand. Für 1 cm braucht er 30 Sekunden. Die Dübel sind 8 cm lang. In einer Tiefe von 5,5 cm verläuft das Stromkabel, das auch den Fernseher versorgt. Dort läuft gerade die Sendung „Der heitere Heimwerker“.
In wie vielen Minuten wird diese interessante Sendung ein jähes Ende finden?

98 Tarzan hatte in seiner Baumhütte einen Albtraum: 5 Tiger, 8 Löwen und 12 Geparden waren hinter ihm her. Anfangs lief er im Traum sehr schnell, sodass die Löwen 40 km, die Tiger 28 km und die Geparden 30 km hinter ihm zurückblieben.
Aber dann kam der Dschungelheld, so sehr er sich auch anstrengte, nur noch mit einer Geschwindigkeit von 1 km/h vorwärts. Er lief und lief, aber die Tiger folgten ihm mit 3 km/h, die Löwen mit 7 km/h und die Geparden mit 6 km/h. So ging es 8 Stunden lang.
Wer wird Tarzan im Traum eingeholt haben, bis Jane ihn endlich zum Frühstück weckt?

99* Die beiden besten Freunde von Leuchtturmwärter Lüneburg setzen sich an seinem Geburtstag ins Boot, um ihren Kumpel zu besuchen.
Peter Priem besteigt in Brunsbüttelkoog seinen Kutter. Er hat 50 km zurückzulegen, sein Kahn schafft maximal 20 km/h.
Heiko Schellfisch ist bei der Wasserschutzpolizei und fährt ein flotteres Boot, das es immerhin auf 60 km/h bringt. Für ihn sind es jedoch 140 km bis zum Leuchtturm.
Wer kann Lüneburg zuerst gratulieren?

100 Aus zwei 12 km entfernten Berliner Stadtteilen fahren Tilli und Trudi einander entgegen. Sie wollen sich genau auf halber Strecke zwischen ihren Wohnungen in ihrem Lieblingscafé „Käsekuchen" treffen. Tilli kommt mit dem Rad. Sie fährt mit einer Geschwindigkeit von 12 km/h. Trudi kommt mit der Straßenbahn, die es auf eine durchschnittliche Geschwindigkeit von 48 km/h bringt. Wer ist eher da, wenn beide gleichzeitig von zu Hause losfahren, Trudi jedoch 10 Minuten an der Haltestelle warten muss?

* Korrekterweise müsstest du hier mit Knoten und Seemeilen rechnen und Ebbe und Flut berücksichtigen, aber das lassen wir hier mal …

6. Goethes Alter im Jahr 2067

Addition und Subtraktion

101 Ein Eichhörnchen hat als Wintervorrat 40 Walnüsse und 150 Haselnüsse gesammelt. Der Walnusshaufen wiegt 1.311 g, die Haselnüsse noch 434 g mehr. Wie viel wiegt der Nussvorrat des Eichhörnchens insgesamt?

102 13 Ameisen übersiedelten von den Michelmanns in den Garten der Familie Flachmann. Als die dortige Ameisenkönigin ihre Arbeiterinnen durchzählt, kommt sie auf 2.348 Untertanen.
Wie viele waren es vor Ankunft der Neuankömmlinge gewesen?

103 Goethe wurde 1749 geboren, Schiller 10 Jahre später. Wie alt wären sie im Jahre 2067?

104 Bevor Goldlöckchen die Hütte der Bären betrat, wog sie 25 kg. Kaum hatte sie die Hütte betreten, machte sie sich dort über das Essen her, das sie ohne Pause verschlang: Zuerst futterte sie 725 g Milchreis, danach ging sie schnurstracks an den Kühlschrank und aß 870 g Fisch, den Mama Bär für das Abendessen kalt gestellt hatte. Zum Nachtisch verspeiste sie noch 125 g Honig, 366 g Gummibärchen und etliche Kekse (insgesamt 475 g).
Wie viel wog Goldlöcken nach der Mahlzeit?

105 Frau Siebenhühner und Herr Hennenberg betreten gleichzeitig eine Konditorei, um dort ein Stück Bienenstich zu kaufen. Frau Siebenhühner bekommt die linke Hälfte, die 80 g mehr wiegt als die rechte Hälfte, die der Konditor Herrn Hennenberg verkauft. Als sich Hennenberg mit der von ihm erstandenen Kuchenhälfte zu Hause auf die Waage stellt, zeigt diese 520 g mehr an als sonst.
Wie viel hatte das ganze Kuchenstück gewogen, bevor das Messer des Konditors es unwiderruflich trennte?

106 Graf Dracula wurde im Jahre 1123 geboren.
Im Jahre 1468 beendete er seine Lehre als Vampir.
Wie alt war Graf Dracula, als er seine Ausbildung abschloss?

107 Den neuen Bestseller kauften 88.000 Leser. Ein Leser nahm den Roman mit nach Hause, las den Klappentext und warf das Buch sofort zum Fenster heraus. 7.563 kamen nicht über die ersten 4 Seiten hinaus. 79.000 Leser, die bis zu Seite 16 vorgedrungen waren, verloren dann die Lust weiterzulesen.
1.000 Leser hielten bis zu Seite 150 durch.
Wie viele Leser haben auch noch die beiden letzten Seiten (151 und 152) des langweiligen Buches geschafft?

108 Der Matrose Waterkant war zwar nicht sehr gebildet, konnte aber wunderbar fluchen. Er beherrschte insgesamt 1.842 Flüche in verschiedenen Sprachen: 464 englische, 311 französische, 82 deutsche und 145 portugiesische. Auf die übrigen Flüche war Waterkant besonders stolz, denn sie stammten aus dem Chinesischen.
Wie viele chinesische Flüche beherrschte der Matrose Waterkant?

109 Onkel Heinz kauft drei Rubbellose. Die Nacht darauf träumt er, dass das erste Los 10.000 € gewinnt, das zweite 20.000 € und das dritte soviel wie die beiden ersten zusammen.
Um wie viel Geld ist Onkel Heinz beim Erwachen ärmer als im Traum?

110 Eine Frau aus England hat 2.010 Gartenzwerge gesammelt, ihr Landsmann bringt es auf 1.125 Barbie-Puppen.
Um wie viele Exemplare ist die Gruppe der Gartenzwerge größer als die der Barbie-Puppen?

111 Eine der dicksten Frauen der Welt wog 1987 stolze 544 kg.
Um wie viel Kilogramm war sie damit schwerer als du jetzt?

112 Am Rosenmontag fliegen in der Hinterwäldlerstraße die Kamellen: Der Schrebergartenverein wirft 380 Sahnebonbons unters Volk, die Sparkasse 234 Lutscher. Der Schützenverein bombardiert die Zuschauer mit 162 Kaugummis und der Prinzenwagen beglückt das Publikum mit 357 Gummibärchen und 123 Schokobonbons. Wie viele Süßigkeiten regnen insgesamt auf die Bewohner der Hinterwäldlerstraße und ihre Gäste nieder?

113 Otmar Wutzke hat Heuschnupfen. In der ersten Woche verbraucht er 86 Taschentücher, in der zweiten Woche sind es sogar 93 Papiertücher. Dann geht es ihm etwas besser. Nachdem er in der dritten Woche noch einmal 22 Taschentücher benötigt hat, ist er für den Rest des Frühlings beschwerdefrei.
Wie viele Papiertücher hat ihn die Attacke insgesamt gekostet?

114 Dem kleinen Donald kamen seine Schuljahre wie eine schwere Last vor. Die Grundschulzeit empfand er wie eine Zentnerlast, die Hauptschule wie eine Last von 2,5 Tonnen.
Wie viel Kilogramm wog die Last, die er mit dem Abschlusszeugnis endlich von sich abwerfen konnte?

115 In dem Partysalat begegnen sich 466 Maiskörner, 185 rote Bohnen, 77 grüne Bohnen und 117 Wachsbohnen.
Wie viele Maiskörner und Bohnen hat Frau Emma Meineke in die Schüssel getan?

116 Der Schulweg kam Gustav heute morgen so lang vor wie eine Erdumrundung. In Wirklichkeit betrug er – wie immer – 40.000 km minus 39.996,4 km. Wie weit ist Gustavs Schulweg?

117 In dem Ameisenhügel neben der großen Eiche wimmeln 124.628 dieser fleißigen kleinen Tierchen.
Wie viele sind es, wenn auch noch die 216.977 Bewohner des Ameisenhaufens an der Mülldeponie und die 18.261 Ameisen des kleineren Hügels am Schwimmbad hinzukommen?

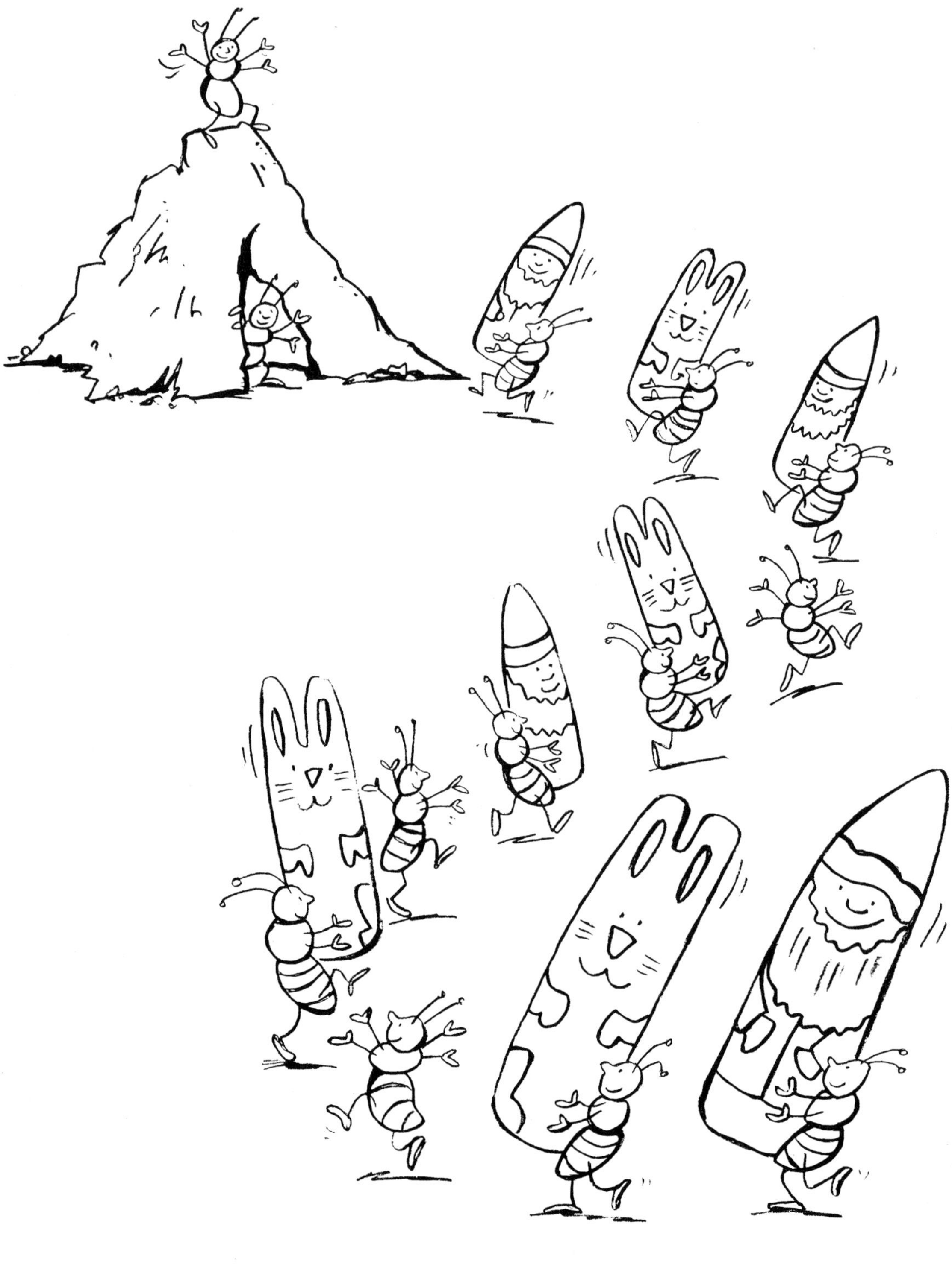

118 Die Kuchenkrümelbeseitigungsmaschine, die Konrad Käferstein konstruiert hatte, beseitigte in ihrem ersten Jahr 297.115 Krümel, im nächsten Jahr immerhin noch 115.286 Krümel, im dritten Jahr nur noch 2.615 Krümel und dann ging sie kaputt. Wie viele Kuchenkrümel hat die Maschine erfolgreich beseitigt?

119 In der Schokoladenfabrik „Zarter Schmelz" treffen nach Ostern 16.347 Osterhasen und 34.857 Ostereier aus Schokolade ein, die nicht verkauft worden sind. Wie viele Schokoladenprodukte können zu Nikoläusen umgeschmolzen werden?

120* Der erste Weltraumtourist bezahlte für den Flug zur Weltraumstation 20 Millionen Dollar. Die kleine Anna träumte: „Hätte er doch nur drei Dollar davon aus seiner Hosentasche verloren und ich hätte sie gefunden!"
Wie viel Geld hätte der Weltraumtourist dann noch zur Finanzierung seiner Reise ausgeben können?

* Hier kannst du mal versuchen, ob du schon mit Zahlen rechnen kannst, die größer als 1 Million sind.

7. Haarsträubende Geschichten

Unterschiedliche Rechenverfahren

121 An seinem 50. Geburtstag hat Onkel Heinz noch 5.412 Haare auf dem Kopf. An seinem 55. Geburtstag hat er nur noch ein Drittel davon. Wie viele Haare haben sich inzwischen von seinem Kopf verabschiedet und wie viele schmücken ihn noch?

122 Als Kind hatte Rapunzel eine dichte Lockenpracht von 160.000 Haaren. Nachdem sie nun viele Jahre oben im Turm vergeblich auf ihren Prinzen gewartet hatte, raufte sie sich vor Ungeduld 1/4 der Haare aus. 1/3 der restlichen Pracht verlor sie danach durch ständiges Blondieren der Locken. Wie viele Haare büßte Rapunzel durch das Haareraufen ein, wie viele durch das Blondieren, und wie viele blieben dem Prinzen schließlich noch für seine Kletterübung?

123 Oma Olga hat 20.000 Haare, ihr Dackel Lotte genauso viele. Gemeinsam haben sie aber nur 2/3 der Haare, die das neue Toupet von Onkel Heinz schmücken. Wie viele Haare zieren das Toupet?

124 Durchschnittlich verliert der gesunde Mensch etwa 50 Haare pro Tag. Wie viele Haare hast du zwischen Weihnachten (24.12.) und deinem Geburtstag verloren?

125 Tante Petra geht jeden Samstag zum Friseur, um sich die Haare waschen, legen und fönen zu lassen und um mit Friseurmeister Siegfried Lockler zu plaudern. Dafür bezahlt sie (ohne Trinkgeld) 19,30 €. Alle 4 Wochen müssen die Haare von Tante Petra auch geschnitten werden. Das kostet 11,40 € zusätzlich. Und 3-mal im Jahr verändert Tante Petra außerdem ihre Haarfarbe. Für das Färben bezahlt sie 14,20 € extra.

- Wie viel Geld lässt Tante Petra in einem Jahr bei Friseurmeister Lockler?
- Und wie viele Stunden und Minuten plauschen sie gemeinsam, wenn sie bei dem üblichen Samstagsbesuch durchschnittlich 18 Minuten miteinander reden und Tante Petra sich beim Haareschneiden 22 Minuten und beim Färben weitere 30 Minuten länger mit Herrn Lockler unterhalten kann?

126 Bei einem Friseurwettbewerb auf der Insel Hawaii erzählte jeder der anwesenden 555 Haarkünstler 5 haarige Geschichten beim Frisieren.
Wie viele Geschichten wurden bei dem Wettbewerb auf Hawaii erzählt?

127 Um bei dem Friseurwettbewerb auf Hawaii eine Chance zu haben, wollte der Figaro Luigi Caprese aus Neapel vorher gut trainieren.
Er hängte ein Plakat vor seinen Laden:
„Alle schönen Mädchen aus meinem Stadtteil werden kostenlos von mir frisiert."
Daraufhin meldeten sich 561 Mädchen.
Er nahm jedoch nur jede Siebzehnte.
Wie viele Mädchen waren das?

128 Als sich in dem neuen Vampirfilm Graf Dracula dem Hals des schönen Mädchens näherte und seine Eckzähne entblößte, stockte allen 117 Zuschauern der Atem und allen standen die Haare zu Berge, im Schnitt 1.099 Haare.
Wie viele Haare standen den Zuschauern insgesamt zu Berge?

8. Das Telefonat zu den Fidschi-Inseln

Multiplikation und Division

129 In den Zuschauerraum des „Kinopalasts" passen 340 Menschen.
Während der gestrigen Vorführung des neuesten „Batman"-Films waren in den hinteren 10 Reihen die Plätze 1 bis 24 frei und in der vordersten Reihe die Plätze 18 bis 23 nicht besetzt.
Wie viele Zuschauer konnten den Sieg des Guten miterleben?

130 Das Baby Luise wiegt bei der Geburt 2.800 g. In den ersten Wochen seines Lebens hat es einen Riesenappetit und nimmt wöchentlich 200 g zu.
Wie viele Wochen dauert es, bis Luise ihr Geburtsgewicht verdoppelt hat?

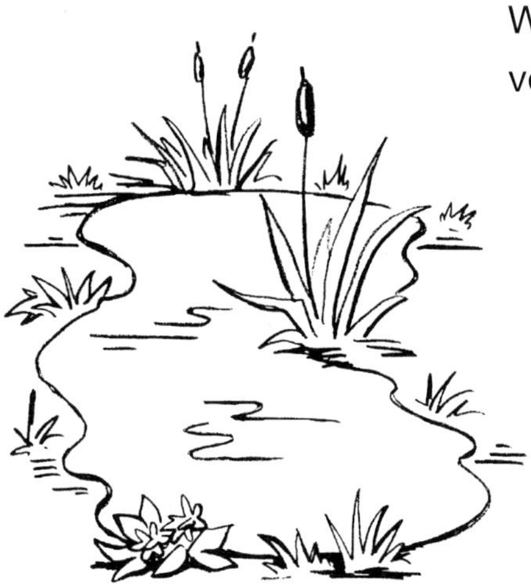

131 Ein Floh kann etwa 200-mal so hoch springen, wie er groß ist.
Wie hoch kämst du, wenn du genau so gut im Hochsprung wärst?

132 Peter klaut Papas 2,2 kg schwere Schwarzwälder Kirschtorte. Er stellt sie auf den Küchentisch, setzt sich hin und fängt an sie mit dem Löffel aufzufuttern. Nach kurzer Zeit sind von der Torte nur noch ein paar Sahnehäubchen übrig, die zusammen 200 g wiegen.
Wie viel mal schwerer ist der verspeiste Teil der Torte als der traurige Rest?

133 Bei dem Computerspiel „Birnix“ kann man auf jedem Level 69 Birnen sammeln. Bei der Weiterentwicklung dieses Spiels „Superbirnix“ 100-mal so viele. Wie viele Birnen kann man bei „Superbirnix“ auf 3 Leveln sammeln?

134 Ein Angler hat einen Eimer, halbvoll mit Würmern. Zusammen wiegen sie 350 g, wobei jeder einzelne von ihnen es im Durchschnitt auf 7 g bringt. Wie viele Würmer ringeln sich im Eimer?

135 Lisa beschäftigt sich am liebsten mit ihrem Sticker-Heft. Auf eine Seite passen durchschnittlich 5 Reihen Sticker mit je 4 Bildchen.

- Wie viele Aufkleber passen durchschnittlich auf eine Seite?
- Und wie viele in ein Heft mit 20 Seiten?

136 Stell dir vor, du hast einen Hamster, der 100 g wiegt. Dann erfindet der Forscher Konrad Käferstein ein Super-Turbo-Kraftfutter und der Hamster verdoppelt täglich sein Gewicht.
Wie viele Tage braucht das Nagetier, bis es so schwer ist wie du, als du 25,6 kg gewogen hast?

137 Gwendolin wartet im Park auf ihren Freund Fridolin. Sie waren für 9.45 Uhr verabredet, doch Fridolin taucht erst um 10.21 Uhr auf. Die wütende Gwendolin rechnet ihm vor, wie viele Sekunden sie auf ihn gewartet hat. Wie viele sind das?

138 Busfahrer Flachmann hält auf der Strecke Hauptbahnhof-Schwimmbad insgesamt 12-mal. Fahrgäste steigen ein oder aus, kaufen Fahrkarten oder kramen in der Tasche nach ihrer Monatskarte. Flachmann darf sich nicht verspäten. Laut Fahrplan bleiben ihm insgesamt 18 Minuten für die Zwischenstopps.
Wie viele Sekunden hat er durchschnittlich für jede Haltestelle?

139 Laura und Lydia telefonieren. Die erste bringt es auf 118 Wörter pro Minute, die zweite auf 112 Wörter.
Auf wie viele Wörter bringen es die beiden mitteilsamen Mädels, wenn sie 2 Stunden lang ununterbrochen und ohne der anderen zuzuhören aufeinander einschnattern?

140 40 Menschen stehen Schlange, um bei Mäc Dago Hamburger zu essen.
Das Mädel hinter der Theke benötigt genau 1 Minute und 32 Sekunden, um einen Kunden zu bedienen.
Um wie viele Minuten eher erhält die 25. Person in der Schlange ihre Bestellung als die letzte?

141 Eines Tages fand Otmar Wutzke in seinem Schrebergarten einen Haufen Geld. Ein ganzes Jahr lang gab er 250 € monatlich aus. Dann kam ihm zu Bewusstsein, dass das Geld nur noch 3 Monate reichen würde und das auch nur, wenn er lediglich 20 € pro Monat ausgeben würde.
Bei einem Bankraub hatten Räuber gerade vor einem Jahr genau 4.150 € erbeutet, den Sack aber dann bei der Flucht weggeworfen.
Was meinst du: Könnte es sein, dass Otmar Wutzke die Beute aus dem Bankraub gefunden hatte?

142 Zwei Graffitisprüher wurden auf frischer Tat ertappt. Um sich vor dem wütenden Hausbesitzer Flachmann in Sicherheit zu bringen, rannten die Jungen um den rechteckigen Bungalow, der 8 m lang und 10 m breit ist.
Wie viele Meter legten die beiden zurück, als sie 22-mal das Haus umrundeten, bevor Herr Flachmann sie sich vorknöpfte?

143 24 Müllautos brachten ihren Abfall zur Müllverwertungsanlage.
Jedes Müllauto transportierte genau 312 gelbe Säcke.
Wie viele Müllsäcke waren das insgesamt?

144 Als Miss Piggy ihren 18. Geburtstag feierte, wollte Graf Zahl sie unbedingt heiraten.
Miss Piggy fragte, wie viele goldgefüllte Truhen er besäße.
Graf Zahl sagte, ihm gehörten 27.360 goldgefüllte Truhen und jedes Jahr kämen 33 hinzu.
Miss Piggy versprach ihn zu heiraten, sobald er 30.000 Schatztruhen sein eigen nennen könne.
Wie alt wird die Braut an ihrem Hochzeitstag sein?

145 Dem Baron Münchhausen stießen in seinem langen Leben 336 wundersame Abenteuer zu und ein jedes wurde von ihm in seinen bemerkenswerten Büchern beschrieben.
Dem Schüler André sind in seiner bisherigen 3-jährigen Schullaufbahn schon doppelt so viele Abenteuer zugestoßen und jedes führte dazu, dass er 15 Minuten zu spät zur Schule kam.
Um wie viele Stunden bzw. Tage hat sich André inzwischen verspätet?

146 Die kleine Elisabeth probiert das neue Telefon ihrer Eltern aus. Schließlich landet sie bei der Zeitansage auf den Fidschi-Inseln. Von Deutschland aus kostet eine Minute dieser nützlichen Information 11,60 €.
Um wie viel Geld hat Elisabeth die elterliche Haushaltskasse geschädigt, als ihr Vater sie nach 40 Minuten schlafend neben der laufenden Information aus Übersee findet?

147 Wie viele Höcker haben 34 Dromedare und 56 Kamele zusammen?

148 Onkel Heinz bittet Tante Petra, einen Geschirrspüler zu kaufen. Sie verspricht darüber nachzudenken, rechnet 6 Wochen hin und her und sagt dann: „Nein!“ Onkel Heinz bittet sie es sich noch einmal zu überlegen. Dieses Mal rechnet Tante Petra 3-mal so lange wie beim ersten Mal, sagt dann aber immerhin: „Ja!“ Wie viele Wochen musste Onkel Heinz sich insgesamt gedulden und den Abwasch machen?

149 Die 7 Zwerge haben sich bei der Arbeit in ihrem Bergwerk erkältet. Schneewittchen muss die Wichte pflegen. Morgens, mittags und abends verteilt sie an alle je 1,5 Löffel Hustensaft.

- Wie viele Löffel teilt sie täglich aus?
- Wie viele Löffel Hustensaft verabreicht Schneewittchen den Zwergen in einer Woche?

150 10 völlig gleich große Schneebälle, mit denen Rudi Klaus bombardiert, wiegen genauso viel wie die 30 völlig identischen Schneebälle, mit denen Klaus Rudi bewirft. 2 Schneebälle von Rudi wiegen 120 g.
Wie viel wiegen 5 Schneebälle von Klaus?

151 Eine Woche vor Ostern herrscht auf der Hühnerfarm von Bernhard Bürzel Hochbetrieb. Während in einer normalen Woche 500 Eierkartons mit je 6 Eiern den Hof verlassen, haben die Hühner nun ihre Produktion angekurbelt und Bürzel verkauft 400 Kartons zu je 10 Eiern.
Wie viele Eier haben die Hühner in der Woche vor Ostern mehr produziert?

152 Ein neu eingestellter Gärtner sagt den vielen Brennnesseln im Park den Kampf an. Mutig reißt er 1.200 Brennnesseln pro Tag aus. Nach 2 Wochen gibt es in dem Park keine Brennnesseln mehr und der Gärtner magert aus Kummer darüber ab. Jeden Tag verliert er ein halbes Kilogramm. Nach 14 Tagen wiegt er nur noch 54 kg. Da kündigt er und nimmt glücklich die Arbeit in einem anderen Park voller Brennnesseln auf.

- Wie viele Brennnesseln gab es in dem Park, bevor der Gärtner eingestellt wurde?
- Wie viel wog der Gärtner, bevor er abmagerte?

153 Ein tapferes Schneiderlein erlegte einst sieben (Fliegen) auf einen Streich. Das sollte er ein Jahr lang täglich wiederholen (kein Schaltjahr!), um die Prinzessin als Frau zu erhalten. Wie viele erlegte Fliegen muss der Schneider dem König vorlegen?

154 Opa schafft sich zur Bewachung seines Schrebergartens 4 Hunde an. 3 davon sind aufmerksame Wachhunde und vertreiben pro Nacht jeder 7 Einbrecher. Der vierte Hund ist eher schläfrig, er schafft nur zwei Einbrecher pro Nacht. Wie viele Einbrecher vertreiben die 4 Hunde in 1001 Nacht?

155 Stell dir eine 6 km lange Linie vor.
- Wie viele Meter sind 1/5 dieser Linie?
- Wenn du von diesem Fünftel noch einmal 1/3 nimmst, wie viele Zentimeter sind das?

156 Hahn Nummer Eins hat 262 Frauen, Hahn Nummer Zwei sogar 777. Für den ersten Hahn legt jede Henne 3 Eier, Hahn Nummer Zwei wird von jeder Henne sogar mit 5 Eiern beglückt. Wie viele Kinder haben beide Hähne zusammen, wenn aus jedem Ei ein Küken schlüpft?

157 Über die Loreley in der Nähe von Koblenz erzählt man sich so allerlei Geschichten. So hat die Dame die unangenehme Eigenschaft, die Kapitäne auf den Rheinschiffen durch ihren Gesang derart von der Arbeit abzulenken, dass schon mancher Ladung und Leben verloren hat.
Vorige Woche hat sie wieder einmal Unheil angerichtet: Durch ihren schauerlichen Gesang lief ein Kartoffelfrachter mit 3 Mann Besatzung auf eine Sandbank, ein Ausflugsdampfer mit 33 Friseuren strandete ebenso wie eine Autofähre mit doppelt so vielen Touristen. Zum Glück reichten die Schwimmwesten für alle.
Wie viele Leute schwammen entsetzt ans rettende Ufer?

158 Graf Dracula ist genügsam. Es reicht ihm, alle 4 Monate ein hübsches Mädchen anzuzapfen. Den Rest der Zeit ernährt er sich von Tomaten, Radieschen und Himbeeren.
Wie viele hübsche Mädchen hat Graf Dracula in seinem langen 500-jährigen Leben blutarm gemacht?

159 Um sich Graf Dracula vom Leib zu halten, hängen die Bewohner eines transsilvanischen Dorfes in jedes Fenster ihrer Häuser 1 Knoblauchknolle zu je 50 g. Das Dorf hat 27 Häuser. Davon haben 13 Häuser 3 Fenster und die übrigen je 5 Fenster.
Wie viele Knoblauchknollen brauchen die Dörfler zu ihrer Selbstverteidigung und wie viel wiegen die stinkenden Knollen insgesamt?

160 Fliesenleger Flink ist nicht der Schnellste und schon gar nicht der Ordentlichste. Heute renoviert er das Badezimmer von Herrn Wutzke. In 9 Stunden schafft er es immerhin, 6 Reihen Kacheln zu je 14 Stück zu verlegen. Dann macht er Feierabend. Am nächsten Morgen sind 1/3 davon wieder abgefallen.

- Wie viele Kacheln muss Fliesenleger Flink den Wutzkes ersetzen?
- Und wie lange braucht er, um den Schaden auszubessern, wenn er nicht schneller arbeitet als am Vortag?

161 Sophie isst für ihr Leben gern Spaghetti. Einmal pro Woche kocht ihr Papa eine Riesenportion mit Knoblauchsauce. Sophie vertilgt jedes Mal den Inhalt einer Packung (250 Spaghetti).

Wie viele Meter der 25 cm langen Nudeln isst Sophie im Laufe eines Jahres?

162 Aus der Legebatterie entkommen 6.738 Hühner und 12 Hähne.
Ihr Besitzer Bernhard Bürzel braucht zum Einfangen jedes Huhns 3 Minuten, für die Hähne sogar je 15 Minuten.
Wie viel Zeit braucht der Hühnerfarmbesitzer zum Einfangen seiner Vögel, wenn seine Mitarbeiter am Tag zuvor sämtlich in Urlaub gefahren sind?

163 Das Baby Luise braucht pro Tag 8 Pampers.
Wie viele Windeln müssen ihre Eltern bis zum 2. Geburtstag kaufen?

164 Der furchtsame Tristan Truxius ist heute 3-mal auf den Sprungturm geklettert, um vom 3-Meter-Brett zu springen. Jedes Mal verließ ihn kurz vor dem Sprung der Mut und er kraxelte die steile Treppe wieder hinunter. Die Treppe hat 27 Stufen.
Wie viele Stufen ist Tristan insgesamt rauf- und runtergeklettert?

165 Die Mutter hatte einen schrecklich unpünktlichen Sohn. Für das viele Warten auf ihn brauchte sie die Geduld von 4 Elefanten, jeder 4 Tonnen schwer.
- Wie viel Geduld hatte die Mutter in Zentner, Kilo und Gramm?
- Wie viele Jahre wartete die Mutter geduldig, wenn pro Stunde 20 g dieser Geduld verbraucht wurde?

166 Das Hängeohrkaninchen Sir Toby ernährt sich ausschließlich von Spargel und Feldsalat. Pro Tag geben seine Besitzer dafür im Gemüseladen durchschnittlich 3,10 € aus.

- Wie viel Geld müssen sie pro Monat (30 Tage) für Sir Tobys Ernährung ausgeben?
- Und wie viele Kilogramm Hasenbraten könnte man von dem Geld kaufen, wenn der Preis für ein Kilo 9,30 € beträgt?

167 Für seine Erfindungen gibt Konrad Käferstein im Schnitt 17,10 € pro Woche aus. Er verdient mit seinen Erfindungen jedoch nur 5,88 € im Monat.
Wie hoch sind seine Ausgaben und Einnahmen in einem Jahr und wie viel beträgt die Differenz?

168 Bei zwei Würmern gab es Apfel zum Mittagessen. Sie beschlossen zum Nachtisch eine Birne zu verspeisen. Von derselben Birne aßen jedoch bereits Matthias und Max.
Wie viel Prozent von der Birne können die beiden Würmer unter sich aufteilen, wenn Matthias 25 % der Birne vertilgt und Max 50 %?

9. Panacotti auf der Flucht

Strecken- und Tempoberechnung

169 Der Opernsänger Luigi Panacotti wird beim Einkaufen im Delikatessenladen von 3 weiblichen Fans erkannt. Bevor sich die Damen johlend auf ihren Schwarm stürzen können, ergreift Panacotti die Flucht. Mit Einkaufstüten beladen erkämpft er sich einen Vorsprung von 50 Metern. Für weitere 100 Meter braucht er 30 Sekunden, bevor er erschöpft auf eine Parkbank sinkt. Die begeisterten Damen verfolgen ihn mit einer Durchschnittsgeschwindigkeit von 3 Metern pro Sekunde.
Wann werden sie den erschöpften Panacotti eingeholt haben?

170 In Hamburg lebten 2 Ameisen, die wollten nach Australien reisen. Doch bereits auf dem Weg zur S-Bahn in Altona taten ihnen die Beine weh. Sie schafften gerade mal 250 m, bevor sie mit schmerzenden Füßen umkehrten.
Wie viel Zeit haben sie insgesamt auf dem Weg von ihrem Bau Richtung S-Bahn und zurück verbracht, wenn man bedenkt, dass sie für 1 m im Schnitt 90 Sekunden brauchten?

171 Der Supermarkt „Sparkauf“ veranstaltet ein Seifenkistenrennen. Der Sieger bekommt ein Jahr lang kostenlos Waschpulver und Zahnpasta. Die Seifenkiste von Konrad Käferstein legt in 8 Sekunden 50 Meter zurück, die von Olga Wutzke braucht 15 Sekunden für 90 Meter.
Wer von beiden erreicht als Erster das 1.500 Meter entfernte Ziel?

172 Ein Strauß braucht für eine Strecke von 200 m 12 Sekunden.
Wie viele Kilometer ist Zoowärter Bertold Bünting gerannt, als er 10 Minuten lang von einem Strauß durch den zoologischen Garten gejagt wurde?

10. Die Schlappohren von Sir Toby

Flächenberechnung

173 Die Schlappohren von Sir Toby, einem Hängeohrkaninchen aus England, sind jeweils etwa 74 cm lang und 19 cm breit. Berechne die Fläche seiner beiden Lauscher.

174 Es war einmal ein altes Ehepaar. Die alten Leutchen besaßen seit 40 Jahren einen schönen, rechteckigen Teppich von 8 m^2. Seine Kantenlänge betrug 2 bzw. 4 m. Eines Tages zerstritten sich die beiden so sehr, dass sie beschlossen sich auf immer zu trennen und ihren Teppich gleichmäßig zu teilen. Jetzt hat der Großvater ein quadratisches Stück, bei dem jede Seite 2 m misst; alles Übrige gehört der Großmutter.
Finde heraus, ob die Teilung gerecht erfolgt ist.

175 Aladin bekam von dem Dschinn einen quadratischen fliegenden Teppich mit einer Kantenlänge von 6 Metern.
Ist dieses Fluggerät groß genug, um Ali Babas 40 Räubern die Flucht zu ermöglichen, wenn jeder von ihnen 1 m^2 Sitzfläche benötigt und niemand zurückgelassen werden möchte?

176 Die Fläche der quadratischen Pfütze, in die Jürgen Ungelenk fiel, betrug 4 m^2. Die Seitenlänge entspricht der Größe von Jürgen Ungelenk mit Hut gemessen. Der Hut verlängert Jürgen Ungelenk um 16 cm.
Berechne die Körpergröße von Jürgen Ungelenk.

177 König Drosselbart hat 3 Töchter und ein rechteckiges Königreich, dessen Seitenlänge 60 bzw. 74 km beträgt. Die jüngste Tochter heiratet Hänsel und bekommt als Mitgift die Hälfte des Königreiches. Die mittlere Tochter verliebt sich in das tapfere Schneiderlein, heiratet es und bekommt als Mitgift ein quadratisches Stück vom restlichen Königreich mit einem Umfang von 148 km. Die älteste Tochter heiratet Rumpelstilzchen. Sie bekommt von ihrem Vater 850 km^2 Königreich.
Wie viel Fläche erhält jede Tochter und wie viel Platz behält König Drosselbart selbst zum Leben?

178 Mamas quadratischer Badezimmerspiegel hat eine Seitenlänge von genau einem Meter.
Wie viele quadratische Sticker mit einer Kantenlänge von 5 cm kann Laura auf Mamas Spiegel kleben, ohne dass sich die Bildchen überlappen?

179 Einen rechteckigen Acker, dessen Seitenlänge 120 m bzw. 50 m beträgt, teilen sich Kühe, Schafe und Ziegen. Die Schafe legen 1/4 der Fläche in Beschlag, die Kühe 1.300 m^2. Auf der restlichen Fläche grasen Ziegen, und zwar 3 Ziegen auf 50 m^2.
Wie viele Ziegen grasen auf dem Acker?

180 Herr Maier will das Loch im Dach seines Gartenhäuschens reparieren, und zwar mit einem rechteckigen, 15 cm breiten und 60 cm langen Brett.
Ist für diesen Zweck ein rechteckiges Brett geeignet, das 15 cm breit ist und eine Fläche von 900 cm^2 hat?

181 Eine Briefmarke hat eine Fläche von 4 cm^2. Wie groß ist die Fläche der 1.378 Briefmarken (in Quadratzentimetern), die in der Vorweihnachtszeit auf dem Postamt der Hinterwäldlerstraße verkauft werden?

182 Onkel Heinz hat einen quadratischen Schrebergarten, dessen Umfang 228 m beträgt.
Wie groß ist die Fläche, die Onkel Heinz mit dem Spaten umgraben muss, wenn er den gesamten Schrebergarten mit Kartoffeln bepflanzen will?

183 Herr Huber lässt sich auf einem Hocker nieder, der leider frisch gestrichen ist. Auf dem Hosenboden malt sich ein quadratischer Fleck von rosaroter Farbe ab. Die Seitenlänge des Flecks beträgt 40 cm. Der Schrebergarten von Herrn Huber hat eine Fläche, die genau 1.500-mal so groß ist wie der Fleck auf seiner Kehrseite. Berechne die Gartenfläche.

184 Auf einer kleinen, unbewohnten, quadratischen Insel mit einer Kantenlänge von 176 m hauste der schiffbrüchige Robinson.
Wie viele Quadratmeter standen ihm damit zur Verfügung, und wie viele blieben ihm, wenn er nach der Ankunft des Eingeborenen Freitag die Insel mit ihm geteilt hat?

185 Der Leuchtturm von Wärter Lüneburg hat 3 bewohnbare quadratische Etagen. Die 1. Etage hat eine Kantenlänge von 6 m. Die 2. Etage ist um 1/3 kürzer und die 3. Etage ist wiederum nur halb so lang wie der 2. Stock.
Wie viele Quadratmeter Wohnfläche hat Leuchtturmwärter Lüneburg zum Leben?

11. Ende gut, alles gut: Hänsel und Gretel überlisten die Hexe

UNTERSCHIEDLICHE RECHENVERFAHREN

186 Hänsel und Gretel sollten im Wald ausgesetzt werden, 2.500 m von zu Hause fort. Die Kinder belauschten den Plan; sie überlegten, wie sie zurückfinden könnten, und kamen auf den Trick mit den weißen Kieselsteinen: Sie beschlossen, auf dem Weg in den Wald alle 20 m heimlich einen Stein aus Gretels Schürzentasche oder Hänsels Hosentasche auf den Waldboden fallen zu lassen und so den Rückweg zu markieren.
Wie viele Kieselsteine müssen die Kinder vor dem Gang in den Wald einsammeln und in ihre Taschen stecken, damit sie für die ganze Strecke reichen?

187 Nachdem sie lange durch den finsteren Wald geirrt waren, kamen Hänsel und Gretel endlich zum Knusperhäuschen der Hexe. Sie waren ziemlich hungrig und machten sich gleich über die Lebkuchen und anderes Baumaterial des Hexenhäuschens her. Gretel hielt sich an die Fenster: Für eine quadratische Fensterscheibe aus gehärtetem Zuckersirup (Seitenlänge 25 cm) brauchte sie 4 Minuten. Hänsel brach inzwischen die Lebkuchen vom Dach. Einen süßen Dachziegel von 150 g verschlang er in 5 Minuten.
Nach 40 Minuten wurde es der Hexe auf der Couch beim Mittagsschläfchen zu kalt, da der Wind durch das kaputte Fenster und das löchrige Dach pfiff.
Wie viel Fensterfläche hatte Gretel beim Erwachen der Hexe aufgegessen und wie viel Gramm Lebkuchenziegel waren in Hänsels Bauch verschwunden?

188 Als die Kinder das „Knusper, Knusper, Knäuschen ...“ der Hexe hörten, wollten sie der Alten weismachen, der Wind habe ihre Hütte beschädigt. Während die Hexe grübelte, ob der Wetterbericht schon wieder falsch war, stürzten sich die Kinder auf den Gartenzaun aus Laugenstangen. Für 10 cm brauchten beide zusammen 5 Minuten. Als die Hexe auf der Matte stand und den Kindern der Appetit verging, klaffte eine Lücke von 1,10 m im Lattenzaun.
Wie lange hatte die Hexe gebraucht, bis sie kapierte, dass keineswegs der Wind an dem Schaden schuld war?

189 Als die Hexe noch ihren Gartenzaun reparierte, waren Hänsel und Gretel längst auf dem Heimweg. Um genau 8.45 Uhr und 12 Sekunden sind sie losgelaufen und um 16.22 Uhr und 44 Sekunden trafen sie wieder zu Hause ein.
Wie lange hatte also der Heimweg gedauert, bis ihre Eltern rufen konnten: „Ende gut, alles gut!“

LÖSUNGEN

1. Philipp mit und ohne Geschenk

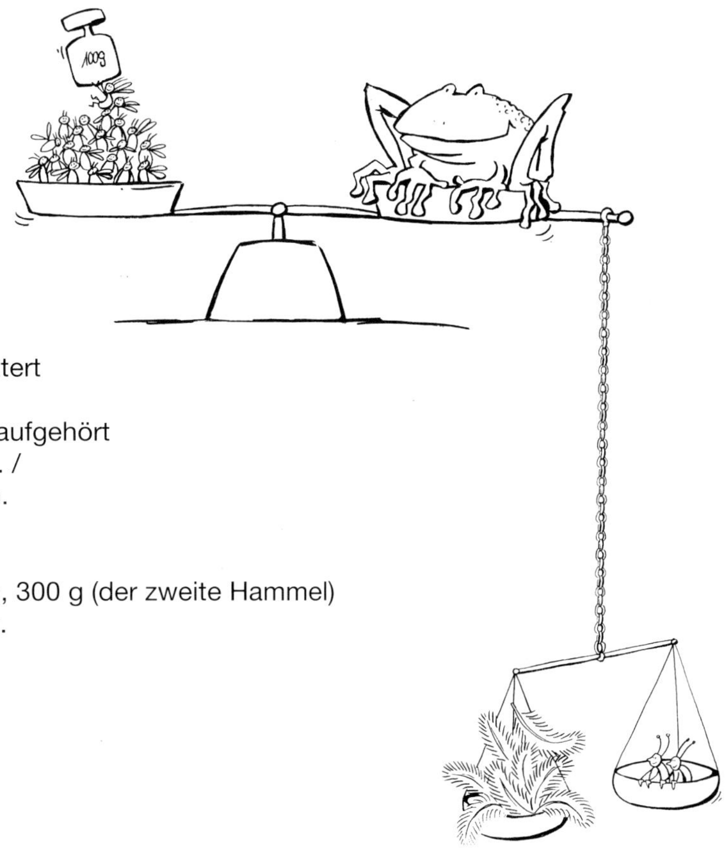

1. Bis zum 3. Stockwerk
2. 6 kg Erdnüsse
3. 9 kg
4. 8 Verben
5. 243 Pommes
6. 712 g
7. 31 kg, 320 g
8. 25 kg, 700 g
9. 13 cm
10. 300 kg Eis und 450 kg Grießbrei
11. Er hat 1 Stunde und 10 Minuten geschlottert
    und 2 Stunden, 20 Minuten geklappert. /
    Er hat um 10.40 Uhr mit dem Schlottern aufgehört
    und mit dem Zähneklappern angefangen. /
    Er ist um 9.20 Uhr in den Wald gegangen.
12. 531 Kinder
13. 13 kg
14. 5 kg, 700 g (der erste Hammel) bzw. 5 kg, 300 g (der zweite Hammel)
15. Keiner, denn beide bringen es auf 210 kg.
16. 50 Niederlagen
17. 207-mal
18. 946 Personen
19. 4 kg Brot
20. 291 m

2. Appetitanregend: Goldlöckchen bei den Bären

21. 500 g Milchreis / 21 Löffel aus dem Schüsselchen des kleinen Bären
22. Er kracht zusammen, weil Goldlöckchen und die Katze zusammen 200 g zu schwer sind.
23. 960 g Brei
24. 5 Stunden, 45 Minuten

3. Wie viele Verbrecher entlarvt Sherlock Holmes?

25. 60 kg Gold
26. 18 Kindern
27. 22 Minuten, 30 Sekunden
28. 80 Arme, 80 Beine, 40 Nasen,
    also zusammen 200 Arme, Beine und Nasen
29. 28 m Klopapier
30. 72 einzelne bzw. 36 Paar Socken,
    36 einzelne bzw. 18 Paar Handschuhe
31. 117 Stempel
32. 122 Zuschauer
33. 156 Hunde
34. Mit 48 Goldfischen
35. 112 Salamischeiben (Rudi) / 84 Salamischeiben (Klara)

36. Herr Siebenhühner mit 88 (gegen 81) Würmern pro Kubikmeter
37. 900 g weiße, 500 g zartbittere Schokolade
38. Mit 76 Teilen
39. 8 Stunden
40. 130 Rosinen
41. 20 Kinder / 22 Personen
42. 103 Karpfen
43. 24 Minuten
44. 150 g Knusperkonfekt
45. 3 Jakobs
46. 26 Monate
47. 36 Freunde
48. 26,10 €
49. 280 Goldmünzen
50. 14 Seeräuber
51. 78 Schultaschen
52. 87 Hexen
53. Nein, es bleiben 500 l übrig.
54. 132,- €
55. Die Leichtgewichtsboxer sind von Anfang bis Ende stärker.
56. 2 Verbrecher pro Woche / 104 Verbrecher in einem Jahr
57. 6-mal / 48 Minuten
58. Frau Michelmann wird nass,
denn der Wasserstrahl reicht 7,30 m weit.
59. 35 m^2 / 70 m^2
60. 90 cm Zahnpasta / 30 Tage
61. 111
62. 4 Kinder
63. 150 Reihen / 50 cm
64. 28 Männer
65. 591 Knöpfe
66. 36 Pflaumen
67. 180 Sachen
68. 148-mal
69. Ja, es reicht genau.
70. Ja, dann sind noch 185 Aktien übrig.
71. 200 Gummibärchen
72. 60 Cent
73. 204 Kilokalorien / Nein, eine Banane reicht nicht aus.
74. 70 Jungen und 35 Mädchen singen aus voller Kehle. /
Der Unterschied beträgt 175, denn 280 Kinder singen nicht.
75. Ja (400 kg)
76. 2,16 m lang
77. 515 Hennen
78. 185 falsche Namen
79. 64 nette Menschen
80. Er spart 38,74 €.
81. 540 Tage Urlaub in Brunsbüttelkoog
82. 60 Wohnungen
83. 45 Jahre
84. Ja, die Zeit reicht für 60 Mädchen.

4. Eine Lektion fürs Leben: Die drei Schweinchen und der böse Wolf

85. 60 kg Stroh / 25,- €
86. 8 Minuten
87. 33 m^2 / 22 m^2
88. Die Ersparnisse reichen: Der Wolf muss 4.931,- € bezahlen.

5. Das Ende der Sendung „Der heitere Heimwerker"

89. Nein, der Hase läuft mit 408 km/h, der Wolf dagegen nur mit 308 km/h.
90. Jafar, denn Aladin schafft nur 988 km ohne Zwischenlandung.
91. Er schafft nur 55 km und wird daher den neuen Tag als Häuflein Asche auf der Landstraße begrüßen.
92. Mit 32 km/h
93. 9 Stunden
94. In 6 Stunden
95. 6 Stunden
96. Nein, denn er benötigt 17 Minuten.
97. In 2 Minuten und 45 Sekunden
98. Die Löwen und Geparden
99. Schellfisch, denn er ist nach 2 Stunden, 20 Minuten da, 10 Minuten vor Priem.
100. Trudi (12,5 Minuten vor Tilli)

6. Goethes Alter im Jahr 2067

101. 3.056 g
102. 2.335 Arbeiterinnen
103. Goethe wäre 318, Schiller 308 Jahre alt.
104. 27.561 kg
105. 1.120 g
106. 345 Jahre
107. 436 Leser
108. 840 chinesische Flüche
109. Um 60.000,- €
110. Die Gruppe der Gartenzwerge ist um 885 Exemplare größer.
111. ?
112. 1.256 Süßigkeiten
113. 201 Papiertücher
114. 2.550 kg „Schullast"
115. 845 Bohnen und Maiskörner
116. 3,6 km Schulweg
117. 359.866 Ameisen
118. 415.016 Krümel
119. 51.204 Schokoerzeugnisse
120. 19.999.997 Dollar

7. Haarsträubende Geschichten

121. Es sind inzwischen 3.608 Haare weniger. / 1.804 Haare schmücken noch den Kopf von Onkel Heinz.
122. 40.000 Haare verlor sie durchs Haareraufen. / 40.000 Haare büßte sie durchs Blondieren ein. / 80.000 Haare bleiben für die Kletterübungen des Prinzen übrig.
123. 60.000 Haare
124. ?
125. Sie bezahlt 1.194,40 € pro Jahr. / Sie plaudern 1.312 Minuten, also 21 Stunden und 52 Minuten.
126. 2.775 Geschichten
127. 33 Mädchen
128. 128.583 Haare

8. Das Telefonat zu den Fidschi-Inseln

129. 94 Zuschauer
130. 14 Wochen
131. ?
132. 10-mal schwerer
133. 20.700 Birnen
134. 50 Würmer
135. 20 Sticker passen auf eine Seite. / 400 Sticker passen in ein Heft.
136. 8 Tage
137. 2.160 Sekunden
138. 90 Sekunden
139. 27.600 Wörter
140. Sie bekommt sie 23 Minuten eher.
141. Nein, er hatte nur 3.060 € zur Verfügung.
142. 792 m
143. 7.488 Müllsäcke
144. 98 Jahre
145. Um 168 Stunden oder 7 Tage
146. Um 464,- €
147. 146 Höcker
148. 24 Wochen
149. 31,5 Löffel Hustensaft täglich / 220,5 pro Woche
150. 100 g
151. 1.000 Eier
152. 16.800 Brennesseln / 61 kg
153. 2.555 Fliegen
154. 23.023 Einbrecher
155. 1.200 m / 40.000 cm
156. 4.671 „Kinder“
157. 102 Leute
158. 1.500 hübsche Mädchen
159. 109 Knoblauchknollen / Sie wiegen 5.450 g.
160. 28 Kacheln / 3 Stunden
161. 3.250 m Spaghetti
162. Er braucht 339 Stunden, 54 Minuten (also 14 Tage, 3 Stunden, 54 Minuten).
163. 5.840 Windeln (bzw. 5.848, wenn ein Schaltjahr dabei ist)
164. 162 Stufen
165. 16 Tonnen Geduld, das sind 16.000 kg bzw. 16.000.000 g oder 320 Zentner / 91 Jahre, 13 Wochen, 5 Tage, 8 Stunden (mit 22 Schalttagen)
166. 93 €, von denen man 10 kg Hasenbraten kaufen könnte
167. 889,20 € Ausgaben pro Jahr / 70,56 € Einnahmen pro Jahr / 818,64 € Differenz
168. 25 % der Birne

9. Panacotti auf der Flucht

169. Nach insgesamt 50 Sekunden (Panacotti kann schon 20 Sekunden sitzen)
170. 750 Minuten (also 12,5 Stunden)
171. Käferstein, denn er braucht nur 240 Sekunden (10 Sekunden weniger als Wutzke).
172. 10.000 m (10 km)

10. Die Schlappohren von Sir Toby

173. 2.812 cm² Schlappohrenfläche
174. Ja, denn die Großmutter bekommt auch 4 m².
175. Nein, die Räuber bräuchten 40 m²
 und der Teppich ist nur 36 m² groß.
176. Jürgen Ungelenk ist ohne Hut 1 m, 84 cm groß.
177. Die jüngste Tochter erhält 2.220 km², die mittlere 1.369 km²,
 die älteste 850 km². / König Drosselbart bleibt nur 1 km².
178. 400 Sticker
179. 192 Ziegen
180. Ja, das passt genau.
181. 5.512 cm²
182. 3.249 m²
183. 2.400.000 cm², das sind 240 m².
184. 30.976 m² für Robinson allein, nach Freitags Ankunft 15.488 m² für jeden
185. 56 m² Wohnfläche für Leuchtturmwärter Lüneburg

11. Ende gut, alles gut: Hänsel und Gretel überlisten die Hexe

186. 125 Kieselsteine
187. 6.250 cm² Fensterfläche / 1.200 g Dachziegel
188. 55 Minuten
189. 7 Stunden, 37 Minuten, 32 Sekunden

Die Helden auf einen Blick

Die Zahlen beziehen sich auf die Aufgabennummern.

Abwechslungsreiche Materialien für Ihren Unterricht

Jochen Hering

Tiergeschichten mit Max und Anna

Vierfarbige Kartei
36 Karten, DIN A4, banderoliert
mit 12-seitigem Begleitheft mit Kopiervorlagen
ab 2. Schuljahr
Deutsch, Sachunterricht, Kunst

Best.-Nr. **M001**

Sind Ohrenkneifer gefährlich? Stimmt es, dass Zitronenfalter tiefgefroren überleben können? Bringen Marienkäfer wirklich Glück?
Mit den spannenden, **alltagsbezogenen Tiergeschichten** und **originellen Aufgaben** dieser Kartei bekehren Sie selbst absolute Lesemuffel. Die farbigen Illustrationen von Fabian Bojé regen die Fantasie und das Nachdenken an.
Für Kinder **interessante und relevante Fragen** motivieren zum **sinnentnehmenden Lesen**. Nicht alle Fragen lassen sich direkt beantworten. Für einige muss zusätzlich ein Tierlexikon zu Rate gezogen werden, für andere wird gemessen, gewogen oder gezeichnet, aber auch das **Schreiben** eigener Tiergeschichten bietet sich an. Das Begleitheft bietet Ihnen **Kopiervorlagen** für den Lösungsbogen, ein „Quiz für Tierfreunde“, einen Steckbrief und ein Tierdiplom.

Diane Rips

Bewegungs-angebote im Wochenplan

1. bis 4. Schuljahr
90 Seiten, DIN A4, kartoniert
Teil mit Bewegungskartei perforiert

Best.-Nr. **M074**

Hier erfahren Sie, wie Sie kurze Bewegungsangebote in die **Tages- und Wochenplanarbeit** integrieren können. Damit wirken Sie dem unter Kindern verbreiteten Bewegungsmangel entgegen, und sie erleben schon bald konzentriert und ruhig arbeitende Schüler.
Neben **Tipps für die schrittweise Einführung** der täglichen Bewegungszeit bietet Ihnen das Buch eine **Bewegungskartei** mit 52 kleinen Angeboten. In der Regel werden lediglich Alltagsmaterialien benötigt und die Anweisungen sind wegen den Illustrationen schon für Leseanfänger verständlich. **Kopiervorlagen** für die Einführungsphase und **Bauanleitungen** für Kleingeräte wie Sommerski runden das Angebot ab.
Schon 5 Minuten Bewegung im Klassenraum, auf dem Flur oder auf dem Schulhof wirken manchmal Wunder!

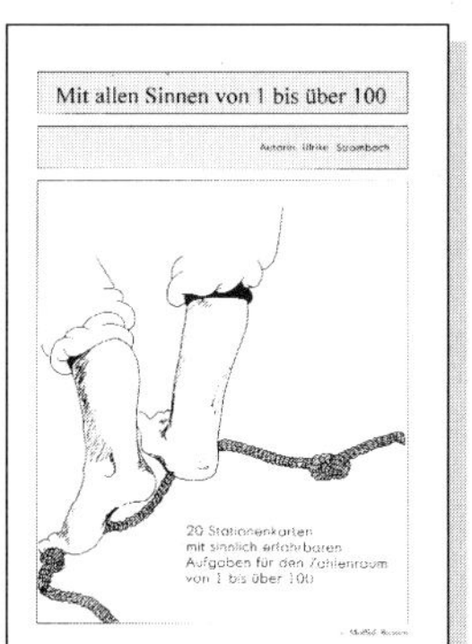

Ulrike Meier-Strombach

Mit allen Sinnen von 1 bis über 100

Zweifarbige Kartei
20 Seiten, DIN A4, banderoliert
mit Begleitheft, 8 Seiten, DIN A5
ab 1. Schuljahr
Mathematik

Best.-Nr. **M006**

Heute schon die Fünf gerochen?
Mit diesem abwechslungsreichen Material erarbeiten sich die Kinder im Anfangsunterricht mit allen Sinnen den Zahlenraum von 1 bis über 100, alleine, zu zweit oder in größeren Gruppen. Die Aufgaben sind so **einfach** wie **einfallsreich**, setzen aber lediglich simple Alltagsmaterialien voraus, die fast immer zur Hand sind. Sie sind so anregend illustriert, dass auch Kinder, die noch nicht sicher lesen, selbstständig **an Mathe-Stationen lernen** können.
Machen Sie die sonst so abstrakten Zahlen für Ihre Klasse zu eindrucksvollen und unvergesslichen Erlebnissen!

Edition MoPäd

Jetzt bei Persen!

Bestellcoupon

Ja, bitte senden Sie mir/uns mit Rechnung

____ Expl. ______________________ Best.-Nr. ________

____ Expl. ______________________ Best.-Nr. ________

____ Expl. ______________________ Best.-Nr. ________

Bestellen Sie bequem rund um die Uhr!
Telefon: 0 41 63/81 40 40
Fax: 0 41 63/81 40 50
E-Mail: info@persen.de

Bitte kopieren und einsenden an:

Persen Verlag GmbH
Postfach 260
21637 Horneburg

Meine Anschrift lautet:

Name/Vorname

Straße

PLZ/Ort

Datum/Unterschrift

E-Mail

Unterrichtsideen und Kopiervorlagen

Bergedorfer®

Spaß am Lesen und Rechnen von Anfang an!

Katharina Müller-Wagner/
Katja Hönisch-Krieg/Beate Bosse

Buchstabenwerkstatt

Lese- und Schreiblehrgang zur Einführung des Alphabets

Grundband
156 Seiten, DIN A4, kart. Best.-Nr. **3840**

Materialband 1
130 Seiten, DIN A4, kart. Best.-Nr. **3841**

Materialband 2
130 Seiten, DIN A4, kart. Best.-Nr. **3842**

Materialband 3
Ca. 130 Seiten, DIN A4, kart. Best.-Nr. **3843**

Ein wahres Vergnügen für kleine Abc-Schützen! Der Lehrgang besteht aus dem **Grundband** mit speziell entwickelter Anlauttabelle, Geschichten und Arbeitsblättern zur Einführung aller Buchstaben sowie **drei Materialbänden.** Sie beinhalten weiterführendes Arbeits- und Übungsmaterial für jeden Buchstaben zur systematischen Festigung des Lernstoffs. Selbsttätigkeit und Handlungsorientierung werden hierbei groß geschrieben!

Das Gesamtwerk im Überblick:

Grundband: Anlauttabelle, Buchstabenformen mit Merkversen, Geschichten und Arbeitsblätter zur Einführung aller Buchstaben

Materialbände: weiterführendes Arbeits- und Übungsmaterial

Materialband 1: M/m, A/a, L/l, I/i, T/t, O/o, S/s, E/e, R/r, U/u, D/d

Materialband 2: N/n, B/b, H/h, F/f, W/w, Z/z, K/k, P/p, Ch/ch

Materialband 3: G/g, Sch/sch, J/j, Au/au, Ei/ei, Eu/eu, V/v, Ü/ü, Ä/ä, Ö/ö, C/c, Qu/qu, X/x, Y/y, Äu/äu, ie, ß, ng/nk, ck, Sp/sp, St/st, tz

Andrea Busjaeger/Ulrike Max/
Gabriele Steffen

Rechnenlernen mit Hand und Fuß

Mappe 1, Zahlenraum 0–9
84 Kopiervorlagen, DIN A4 Best.-Nr. **2458**

Mappe 2, Zahlenraum 10–20
86 Kopiervorlagen, DIN A4 Best.-Nr. **2459**

Mappe 3, Materialien zur Differenzierung und Förderung Zahlenraum 0–20
66 Kopiervorlagen, DIN A4 Best.-Nr. **2460**

Hinweise für den Unterricht
102 Seiten, DIN A4, kart. Best.-Nr. **2461**

Mit diesem brandneuen Rechenlehrgang erfassen die Schüler/-innen den Zahlenraum von 0 bis 20 mit allen Sinnen. Die Kinder lernen handelnd an verschiedenen Stationen (Tasten, Bauen, Spielen, Gleichgewicht usw.).
Mit dem kleinen **Fuchs Felix**, der die Schülerinnen und Schüler in das Reich der Zahlen begleitet, lernen die Kinder mit Spaß und Spiel die ersten Zahlen, Rechenzeichen und Rechenoperationen kennen und verstehen.
Die Materialien eignen sich besonders für den Einsatz in der Grundschule, in Integrationsklassen und zur gezielten Förderung von Kindern mit Rechenschwierigkeiten.

Persen **Bestellcoupon** Persen

Ja, bitte senden Sie mir/uns mit Rechnung

____ Expl. ______________________ Best.-Nr. ________

____ Expl. ______________________ Best.-Nr. ________

____ Expl. ______________________ Best.-Nr. ________

____ Expl. ______________________ Best.-Nr. ________

☐ Ja, bitte schicken Sie mir kostenlos Ihren aktuellen Gesamtkatalog zu.

Bestellen Sie bequem rund um die Uhr!
Telefon: 0 41 63/81 40 40
Fax: 0 41 63/81 40 50
E-Mail: info@persen.de

Bitte kopieren und einsenden an:

Persen Verlag GmbH
Postfach 2 60
D-21637 Horneburg

Meine Anschrift lautet:

Name/Vorname

Straße

PLZ/Ort

Datum/Unterschrift

E-Mail